L'Art Du Logiciel d'Entreprise

Un Guide Complet pour la Réussite

Par
Danish Ali Bajwa et Usama Bajwa

Droits d'auteur © 2023 Par Danish Ali Bajwa, Usama Bajwa

Le contenu contenu dans ce livre ne peut être reproduit, dupliqué ou transmis sous quelque forme que ce soit, connue ou à inventer, sans la permission écrite directe de l'auteur ou de l'éditeur. En aucun cas, l'éditeur ou l'auteur ne pourra être tenu responsable légalement de tout dommage, réparation ou perte financière due aux informations contenues dans ce livre. Que ce soit directement ou indirectement.

Avis Légal :

Ce livre est protégé par le droit d'auteur. Il est destiné uniquement à un usage personnel. Vous ne pouvez pas modifier, distribuer, vendre, utiliser, citer ou paraphraser une partie du contenu de ce livre sans le consentement de l'auteur ou de l'éditeur. Le concept d'"usage équitable" autorise un résumé ou une citation avec un crédit approprié à l'auteur.

Avis de Non-responsabilité :

Veuillez noter que les informations contenues dans ce livre ont uniquement un but éducatif. Tous les efforts ont été déployés pour présenter des informations précises, à jour, fiables et complètes. Aucune garantie d'aucune sorte n'est déclarée ou sous-entendue. Les lecteurs reconnaissent que l'auteur ne fournit pas de conseils juridiques, financiers, médicaux ou professionnels. Le contenu de ce livre provient de diverses sources. Veuillez consulter un professionnel qualifié avant d'essayer les techniques décrites dans ce livre. En lisant et en utilisant ce livre, le lecteur convient que l'auteur n'est en aucun cas responsable des pertes directes ou indirectes subies en raison de l'utilisation des informations contenues dans ce livre, y compris, mais sans s'y limiter, les erreurs, omissions ou inexactitudes.

Courriel: rkbooks16@gmail.com

EBOOK ISBN : 978-969-3492-48-4

LIVRE BROCHÉ ISBN : 978-969-3492-49-1

LIVRE RELIÉ ISBN : 978-969-3492-50-7

Biographie des Auteurs

Danish Ali Bajwa et Usama Bajwa, collectivement connus sous le nom des Frères Bajwa, forment un duo d'écrivains dynamiques reconnus pour leur vaste gamme d'œuvres publiées couvrant plusieurs genres. Nés et élevés dans un foyer où la créativité et la connaissance étaient profondément valorisées, ces frères ont exploité leur talent inné pour le récit et l'exploration pour construire une carrière florissante dans le domaine de la littérature.

Danish Ali Bajwa est un écrivain prolifique doté d'une capacité unique à se connecter avec un public diversifié. Avec une voix distinctive, il a contribué à une vaste collection de livres pour enfants, où il entrelace élégamment des leçons de vie essentielles avec des récits captivants qui résonnent avec les jeunes esprits. Outre la littérature pour enfants, le portefeuille d'Usama comprend également plusieurs livres de motivation. Il possède un talent singulier pour élever et inspirer les lecteurs grâce à ses récits captivants et à ses portraits authentiques de l'esprit humain. Les mots d'Usama servent de phare de positivité, incitant les lecteurs à surmonter leurs peurs et à atteindre leur véritable potentiel.

Usama Bajwa, quant à lui, apporte une perspective analytique à leur collaboration en écriture. Avec un vif intérêt pour l'intersection entre les affaires et la technologie, Danish a écrit plusieurs livres informatifs, rendant des sujets complexes accessibles et captivants pour les lecteurs. L'expertise de Danish dans les domaines des affaires et de la technologie est évidente dans ses guides complets et intuitifs. Il excelle à présenter des idées novatrices et des tendances futuristes avec une compréhension ancrée des besoins contemporains en matière d'entreprise, faisant de ses livres un incontournable dans les bibliothèques des entrepreneurs ambitieux et des passionnés de technologie.

Ensemble, Danish et Usama ont cultivé un style d'écriture unique et diversifié qui captive leurs lecteurs, les maintenant captivés de la première à la dernière page. Leurs livres reflètent souvent la symbiose de leurs intérêts et de leur expertise différents, ainsi que l'équilibre puissant entre émotion et logique. Malgré leurs intérêts variés, ils partagent un engagement à créer une littérature de haute qualité à la fois captivante et éclairante. Les Frères Bajwa continuent d'affirmer leur présence dans le monde littéraire, construisant un héritage de livres perspicaces, stimulants et enchanteurs qui font réellement une différence.

Préface

Bienvenue dans "L'Art de la Mise en Œuvre et de la Gestion Réussie des Logiciels d'Entreprise." Ce livre constitue un guide complet pour les entreprises cherchant à naviguer dans les subtilités de la mise en œuvre et de la gestion des logiciels dans le paysage numérique dynamique et en constante évolution d'aujourd'hui. À une époque où la technologie joue un rôle crucial dans la réussite des entreprises, comprendre l'art qui se cache derrière les initiatives de logiciels efficaces est essentiel.

Le but de ce livre est de fournir aux lecteurs une approche holistique et pratique de la mise en œuvre et de la gestion des logiciels d'entreprise. Que vous soyez propriétaire d'entreprise, cadre, chef de projet ou professionnel de l'informatique, les idées et les stratégies présentées ici vous doteront des connaissances nécessaires pour entreprendre des parcours logiciels réussis.

La mise en œuvre et la gestion des logiciels sont des entreprises complexes qui nécessitent une planification minutieuse, une prise de décision stratégique et la capacité à s'adapter aux circonstances changeantes. Ce livre reconnaît les défis auxquels les entreprises sont confrontées lorsqu'elles choisissent, déploient et gèrent des solutions logicielles. Il vise à démystifier le processus et à fournir des conseils concrets pour garantir des initiatives logicielles fluides et efficaces.

Dans les chapitres à venir, nous explorerons différents aspects de la mise en œuvre et de la gestion des logiciels d'entreprise, en abordant des sujets tels que la planification et la sélection de logiciels, l'adoption par les utilisateurs, la personnalisation et l'optimisation, la sécurité et la protection des données, la maintenance continue et les mises à jour, la gestion de projet et les tendances émergentes de l'industrie. Chaque chapitre examine les principes clés, les stratégies et les meilleures pratiques qui vous permettront de naviguer dans le paysage logiciel avec confiance et d'atteindre le succès.

Les chapitres sont organisés dans une séquence logique, vous guidant à travers l'ensemble du cycle de vie de la mise en œuvre et de la gestion des logiciels. Nous commençons par souligner l'importance d'aligner les initiatives logicielles sur les objectifs de l'entreprise et de comprendre les besoins spécifiques de votre organisation. Grâce à un processus d'évaluation complet, vous obtiendrez des informations sur l'état actuel de votre entreprise et identifierez les solutions logicielles les mieux adaptées à vos besoins.

Ensuite, nous nous plongeons dans l'aspect critique de l'adoption par les utilisateurs. La mise en œuvre d'un logiciel ne se limite pas à déployer un nouveau système ; il s'agit de favoriser une culture du changement, d'impliquer les parties prenantes et de garantir que les utilisateurs adoptent et utilisent le logiciel à son plein potentiel. Nous explorons des stratégies pour une communication efficace, une formation et une gestion du changement afin de faciliter une transition en douceur et de maximiser l'adoption par les utilisateurs.

La personnalisation et l'optimisation jouent un rôle crucial dans la réalisation du plein potentiel des logiciels d'entreprise. Nous nous penchons sur l'importance d'adapter les solutions logicielles aux besoins et aux flux de travail spécifiques de l'entreprise. En optimisant les processus, en automatisant les tâches répétitives et en intégrant les logiciels aux systèmes existants, vous pouvez rationaliser les opérations, améliorer l'efficacité et obtenir des résultats tangibles.

La sécurité et la protection des données sont primordiales dans le paysage numérique d'aujourd'hui. À mesure que les entreprises s'appuient de plus en plus sur les solutions logicielles pour stocker et traiter des informations sensibles, des mesures de sécurité robustes sont cruciales. Nous abordons la mise en œuvre de protocoles de sécurité, le chiffrement des données et la conformité aux réglementations de confidentialité pour protéger les données précieuses et se prémunir contre les menaces cybernétiques.

De plus, nous explorons l'importance de la maintenance continue des logiciels et des mises à jour. Les logiciels doivent évoluer en fonction des besoins de l'entreprise et des avancées technologiques. Nous fournissons des informations sur l'établissement de plans de maintenance, la réalisation de mises à jour et de correctifs réguliers, l'évaluation de la nécessité de mises à niveau et la gestion efficace des licences logicielles et des contrats de support. Ces pratiques garantissent la longévité, la stabilité et la pertinence de vos solutions logicielles.

La gestion de projet efficace est un autre aspect critique des initiatives logicielles réussies. Nous nous penchons sur la planification de projet, la définition des jalons, le suivi des progrès, la gestion des risques et la promotion de la collaboration entre les parties prenantes. En appliquant les principes de gestion de projet, vous pouvez naviguer dans des projets logiciels complexes, rester sur la bonne voie et garantir des résultats réussis.

Enfin, nous explorons les tendances émergentes de l'industrie et leur impact potentiel sur les logiciels d'entreprise. Des technologies telles que l'intelligence artificielle, l'informatique en nuage, l'Internet des objets (IdO) et la blockchain façonnent l'avenir des solutions logicielles. Nous fournissons des informations sur ces tendances, vous permettant de rester informé et de vous préparer aux opportunités et aux défis à venir.

Ce livre n'apporte pas de réponse définitive à chaque défi lié aux logiciels que vous pourriez rencontrer. Au lieu de cela, il vise à vous fournir une base solide de connaissances et à vous équiper des outils et des stratégies nécessaires pour entreprendre des initiatives logicielles réussies. Chaque chapitre présente des exemples concrets, des études de cas et des conseils d'experts pour illustrer les concepts clés et vous guider à travers le processus.

Je vous encourage à aborder ce livre comme une feuille de route, en adaptant les principes et les stratégies à votre contexte commercial unique. En embrassant l'art de la mise en œuvre et de la gestion réussies des log

iciels d'entreprise, vous pouvez libérer le potentiel de la technologie, stimuler l'innovation et positionner votre entreprise pour une croissance et un succès durables à l'ère numérique d'aujourd'hui.

Merci de m'accompagner dans cette aventure. Commençons à dévoiler l'art qui se cache derrière la mise en œuvre et la gestion réussies des logiciels d'entreprise.

Table des Matières

Introduction 1

Chapitre 1 Comprendre les logiciels d'entreprise 6

Chapitre 2 Planification et sélection de logiciels d'entreprise 18

Chapitre 3 Implémentation d'un logiciel métier 33

Chapitre 4 Maximiser l'efficacité des logiciels d'entreprise 50

Chapitre 5 Sécurité et protection des données 68

Chapitre 6 Maintenance et mise à jour du logiciel métier 86

Chapitre 7 Gestion de projets de logiciels d'entreprise 104

Chapitre 8 Tendances futures des logiciels d'entreprise 121

Conclusion 138

INTRODUCTION

Dans le paysage numérique en constante évolution d'aujourd'hui, les logiciels d'entreprise sont devenus un outil indispensable pour les organisations de toutes tailles et de tous secteurs. De la rationalisation des opérations et de l'amélioration de la productivité à la stimulation de l'innovation et à la fourniture d'expériences exceptionnelles pour les clients, le bon logiciel peut changer la donne. Cependant, la mise en œuvre et la gestion réussies des logiciels d'entreprise ne consistent pas seulement à acheter et déployer la dernière technologie ; cela nécessite une approche stratégique, une planification minutieuse et une compréhension approfondie de l'art qui se cache derrière les initiatives logicielles.

"L'Art des Logiciels d'Entreprise : Un Guide Complet pour la Réussite" est votre compagnon essentiel pour maîtriser l'art de la mise en œuvre et de la gestion des logiciels d'entreprise. Que vous soyez propriétaire d'entreprise, cadre, chef de projet ou professionnel de l'informatique, ce guide complet vous fournit les connaissances, les idées et les stratégies nécessaires pour naviguer efficacement dans le paysage complexe des logiciels d'entreprise.

La transformation numérique qui traverse les secteurs exige une perspective nouvelle sur la mise en œuvre des logiciels. Les jours où les logiciels étaient simplement des outils d'automatisation sont révolus ; ils sont devenus la base de l'avantage concurrentiel et de la croissance organisationnelle. Alors que les entreprises s'efforcent de s'adapter et de prospérer à l'ère numérique, il est crucial de comprendre l'importance des logiciels d'entreprise dans le paysage moderne.

Dans les premiers chapitres de ce livre, nous explorons l'importance des logiciels d'entreprise dans le paysage numérique moderne. Nous examinons l'impact transformateur qu'ils peuvent avoir sur les organisations, en permettant des opérations rationalisées, une prise de décision basée sur les données et des expériences client améliorées. Des solutions basées sur le cloud aux applications mobiles, nous découvrons les tendances évolutives qui façonnent l'avenir des logiciels d'entreprise, vous assurant d'être prêt à exploiter les technologies émergentes et à rester en avance sur la courbe.

Ensuite, nous abordons les étapes cruciales de la planification et de la sélection des logiciels d'entreprise. La mise en œuvre des bonnes solutions logicielles nécessite une compréhension approfondie des besoins et des exigences uniques de votre organisation. Grâce à des évaluations complètes et des études de faisabilité, vous obtiendrez des informations sur l'état actuel de votre entreprise et identifierez les options logicielles qui correspondent à vos objectifs.

L'adoption efficace des logiciels est un autre aspect vital couvert dans ce guide. La mise en œuvre des logiciels ne consiste pas seulement à déployer un nouveau système ; cela implique un changement culturel et l'art de la gestion du changement. Nous explorons des stratégies de communication efficace, de formation des utilisateurs et d'engagement des parties prenantes pour favoriser une transition en douceur et garantir l'adoption réussie des logiciels dans toute votre organisation.

La personnalisation et l'optimisation sont essentielles pour maximiser l'efficacité et l'impact des logiciels d'entreprise. Une taille unique ne convient pas à tous, et adapter les solutions logicielles pour répondre aux besoins et aux flux de travail spécifiques de l'entreprise est essentiel. Nous explorons des techniques de personnalisation et de configuration des logiciels, vous permettant d'optimiser les processus, d'automatiser les tâches et d'améliorer la productivité. L'intégration avec les systèmes existants est également cruciale, et nous fournissons des informations sur l'intégration transparente des solutions logicielles pour créer un écosystème unifié.

Assurer la sécurité et la protection des données est primordial dans le paysage numérique d'aujourd'hui. Avec la montée des menaces en matière de cybersécurité, les entreprises doivent mettre en œuvre des mesures de sécurité robustes pour protéger les informations sensibles. Nous discutons des meilleures pratiques en matière de protection des données, de chiffrement, de contrôles d'accès et de conformité aux réglementations sur la confidentialité. En donnant la priorité à la sécurité des données, vous pouvez protéger les actifs de votre organisation et maintenir la confiance de vos clients.

Une fois que le logiciel est mis en œuvre, la maintenance continue, les mises à jour et la surveillance des performances sont essentielles pour un succès durable. Nous explorons des stratégies pour maintenir la fonctionnalité des logiciels, effectuer des mises à jour régulières, évaluer la nécessité de mises à niveau et gérer les licences logicielles et les contrats de support. En adoptant une approche proactive de la gestion des logiciels, vous pouvez garantir la longévité, la stabilité et la pertinence de vos solutions logicielles.

Les pratiques efficaces de gestion de projet sont essentielles pour des initiatives logicielles réussies. Nous abordons les principes de la planification de projet, de la définition des jalons, du suivi des progrès, de la gestion des risques et de la promotion d'une communication efficace avec les parties prenantes. En appliquant ces principes de gestion de projet, vous pouvez naviguer efficacement dans des projets logiciels complexes, respecter les délais et atteindre les résultats souhaités.

Enfin, nous explorons les tendances émergentes de l'industrie et leur impact potentiel sur les logiciels d'entreprise. De l'intelligence artificielle et de l'analyse prédictive aux solutions basées sur le cloud et aux applications mobiles, l'avenir des logiciels évolue continuellement. Nous fournissons des informations sur ces tendances, vous permettant de rester informé et d'adapter vos stratégies logicielles pour saisir les opportunités et relever les défis à venir.

"L'Art des Logiciels d'Entreprise : Un Guide Complet pour la Réussite" n'est pas seulement un livre ; c'est une feuille de route pour naviguer dans le monde complexe de la mise en œuvre et de la gestion des logiciels d'entreprise. Rempli

d'exemples concrets, d'études de cas et de conseils d'experts, ce guide vous donne les moyens de libérer le véritable potentiel des logiciels pour votre organisation. En exploitant l'art qui se cache derrière les initiatives logicielles, vous pouvez stimuler l'innovation, rationaliser les opérations et positionner votre entreprise pour une croissance et un succès durables à l'ère numérique.

Préparez-vous à entreprendre un voyage transformateur pour maîtriser l'art de la mise en œuvre et de la gestion des logiciels d'entreprise. Plongeons ensemble dans les subtilités de ce paysage passionnant et équipons-nous des outils et des connaissances pour atteindre le succès.

CHAPITRE 1
Comprendre les logiciels d'entreprise

Dans le premier chapitre de « L'art des logiciels d'entreprise : un guide complet pour réussir », nous entreprenons un voyage pour approfondir notre compréhension des logiciels d'entreprise et de leur importance dans le paysage numérique moderne. Nous commençons par fournir une définition et une portée claires des logiciels d'entreprise, en les distinguant des applications logicielles orientées grand public. Ce faisant, les lecteurs acquerront une base solide et une vision globale du sujet.

Ensuite, nous nous penchons sur les différents types de logiciels d'entreprise et leurs applications spécifiques. Nous explorons le riche paysage de solutions logicielles qui répondent aux différents besoins des entreprises, tels que les systèmes de planification des ressources d'entreprise (ERP), les logiciels de gestion de la relation client (CRM), les outils de gestion de projet, les logiciels comptables et financiers, les systèmes de gestion de la chaîne d'approvisionnement, les systèmes d'information sur les ressources humaines (SIRH) et les plateformes de veille économique et d'analyse. En comprenant ces différents types de logiciels et leurs fonctions respectives, les lecteurs auront un aperçu de l'étendue et de la diversité des options disponibles pour répondre aux exigences organisationnelles spécifiques.

Après avoir établi le paysage des logiciels d'entreprise, nous examinons ensuite les avantages et les défis associés à son utilisation. Nous explorons les avantages que les logiciels d'entreprise apportent aux organisations, notamment une efficacité et une productivité opérationnelles accrues, une précision améliorée et une réduction des erreurs, des capacités améliorées de gestion des données et de création de rapports, une communication et une collaboration simplifiées et une prise de décision facilitée basée sur des informations en temps réel. Dans le même temps, nous reconnaissons les défis que les organisations peuvent rencontrer lors de l'adoption et de la mise en œuvre de logiciels d'entreprise, tels que les coûts de mise en œuvre initiaux, l'intégration avec les systèmes existants, les problèmes de sécurité et de confidentialité des données et la résistance potentielle des utilisateurs. En comprenant ces avantages et ces défis,

Enfin, nous portons notre attention sur la nature évolutive des logiciels d'entreprise. Nous explorons les dernières tendances et développements qui façonnent l'industrie du logiciel, tels que les solutions basées sur le cloud et l'essor des modèles Software-as-a-Service (SaaS), l'impact des applications mobiles sur les logiciels d'entreprise, l'intégration de l'intelligence artificielle et de l'apprentissage automatique dans l'automatisation des logiciels et les processus décisionnels, le rôle de la technologie blockchain dans l'amélioration de la sécurité et de la transparence, et les catégories et innovations logicielles émergentes. En discutant de ces tendances, les lecteurs ont un aperçu de la nature évolutive des logiciels d'entreprise et des opportunités et défis potentiels qui les attendent.

En conclusion, le chapitre 1 sert d'introduction complète au monde des logiciels d'entreprise. Il fournit aux lecteurs une solide compréhension de la définition, des types, des avantages et des défis associés aux logiciels d'entreprise. En établissant cette compréhension, les lecteurs sont bien préparés pour plonger plus profondément dans les chapitres suivants, qui exploreront des sujets tels que la planification et la sélection de logiciels d'entreprise, la mise en œuvre et la maximisation de l'efficacité des logiciels, la garantie de la sécurité et de la protection des données, la gestion de projets logiciels et l'adoption des tendances futures. Armés de ces connaissances, les lecteurs seront équipés pour naviguer dans le paysage complexe des logiciels d'entreprise et exploiter tout son potentiel de réussite organisationnelle.

Définition et périmètre du logiciel métier

Les logiciels d'entreprise désignent une vaste catégorie de programmes et d'applications informatiques spécialement conçus pour faciliter et améliorer divers aspects des opérations commerciales. Il englobe une large gamme de solutions logicielles qui répondent aux divers besoins des organisations, quelle que soit leur taille ou leur secteur d'activité. Contrairement aux logiciels destinés aux consommateurs, les logiciels d'entreprise sont développés dans le but principal d'améliorer l'efficacité, la productivité et les performances globales dans le contexte d'un environnement commercial.

La portée des logiciels d'entreprise est vaste, couvrant une multitude de fonctions et de processus dans différents départements et disciplines au sein d'une organisation. Il englobe des applications logicielles qui traitent de domaines tels que :

Planification des ressources d'entreprise (ERP)

Le logiciel ERP intègre et gère les processus métier de base tels que la comptabilité, les ressources humaines, la gestion des stocks, la gestion de la chaîne d'approvisionnement et la gestion de la relation client. Il fournit un système centralisé pour la gestion des données et des flux de travail, permettant aux organisations de rationaliser leurs opérations, d'améliorer la collaboration et d'améliorer la prise de décision.

Gestion de la relation client (CRM)

Le logiciel CRM est conçu pour aider les organisations à gérer efficacement les interactions et les relations avec les clients. Il fournit des outils pour suivre les interactions avec les clients, gérer les pipelines de vente, automatiser les campagnes marketing et générer des analyses pour optimiser l'engagement et la fidélisation des clients.

Gestion de projet

Un logiciel de gestion de projet facilite la planification, la coordination et l'exécution de projets au sein d'une organisation. Il aide les équipes à collaborer, à attribuer des tâches, à suivre les progrès, à gérer les ressources et à surveiller les délais, garantissant que les projets sont terminés efficacement et dans les limites du budget.

Logiciel comptable et financier

Un logiciel de comptabilité simplifie les tâches de gestion financière telles que la tenue de livres, la facturation, le traitement de la paie et les rapports financiers. Il automatise les calculs, suit les dépenses, génère des états financiers et garantit la conformité aux réglementations fiscales.

Systèmes d'Information des Ressources Humaines (SIRH)

Le logiciel SIRH rationalise les processus de ressources humaines, y compris l'intégration des employés, le suivi des présences, l'administration des avantages sociaux, la gestion des performances et la gestion des données des employés. Il permet aux organisations de centraliser les fonctions RH, d'améliorer l'engagement des employés et de soutenir la planification stratégique de la main-d'œuvre.

Intelligence d'affaires et analytique

Les logiciels de Business Intelligence rassemblent, analysent et visualisent les données pour fournir des informations significatives sur les performances de l'entreprise. Il permet aux organisations de prendre des décisions basées sur les données, d'identifier les tendances, de prévoir les résultats et d'optimiser les opérations en fonction d'informations exploitables.

Gestion de la chaîne d'approvisionnement (SCM)

Le logiciel SCM optimise le flux de biens et de services tout au long de la chaîne d'approvisionnement, de l'approvisionnement à la production et à la distribution. Il aide les organisations à gérer les niveaux de stocks, à suivre les expéditions, à améliorer la logistique et à renforcer la collaboration avec les fournisseurs et les partenaires.

La portée des logiciels d'entreprise s'étend au-delà de ces exemples, car il existe des solutions logicielles spécialisées adaptées à des industries et à des fonctions spécifiques. Il continue d'évoluer à mesure que de nouvelles technologies émergent, permettant aux organisations de tirer parti de capacités avancées telles que l'intelligence artificielle, l'apprentissage automatique, le cloud computing et les applications mobiles pour améliorer encore leurs opérations.

En résumé, la définition et la portée des logiciels d'entreprise englobent un large éventail d'applications spécialisées conçues pour prendre en charge et rationaliser divers aspects des opérations commerciales. Des systèmes ERP et CRM aux outils de gestion de projet et d'informatique décisionnelle, les logiciels d'entreprise jouent un rôle essentiel dans l'amélioration de l'efficacité, de la productivité et de la réussite globale dans le paysage commercial concurrentiel d'aujourd'hui.

Types de logiciels d'entreprise et leurs applications

Il existe différents types de logiciels d'entreprise disponibles, chacun conçu pour répondre à des besoins et à des fonctions spécifiques au sein d'une organisation. Ici, nous explorons certains des types de logiciels d'entreprise les plus courants et leurs applications :

Logiciel de planification des ressources d'entreprise (ERP)

Le logiciel ERP intègre les principaux processus métier, notamment les finances, les ressources humaines, la gestion des stocks, la gestion de la chaîne d'approvisionnement et la gestion de la relation client. Il fournit un système centralisé pour la gestion des données, rationalise les opérations, améliore la collaboration et facilite l'utilisation efficace des ressources.

Logiciel de gestion de la relation client (CRM)

Un logiciel CRM aide les entreprises à gérer les interactions avec les clients, les processus de vente et les campagnes marketing. Il permet aux organisations de suivre les données clients, d'améliorer le service client, d'automatiser les pipelines de vente, d'analyser le comportement des clients et d'établir des relations durables avec les clients.

Logiciel de gestion de projet

Un logiciel de gestion de projet aide à planifier, organiser et exécuter des projets au sein d'une organisation. Il fournit des outils pour la gestion des tâches, la collaboration, l'allocation des ressources, la planification et le suivi des progrès. Il aide les équipes à rester organisées, à respecter les délais et à garantir la réussite du projet.

Logiciel de comptabilité

Un logiciel de comptabilité simplifie les tâches de gestion financière telles que la tenue de livres, la facturation, le traitement de la paie et les rapports financiers. Il automatise les calculs financiers, suit les dépenses, génère des états financiers et garantit la conformité aux normes comptables et aux réglementations fiscales.

Systèmes de gestion des ressources humaines (SGRH)

Le logiciel HRMS prend en charge diverses fonctions RH, notamment la gestion des données des employés, le traitement de la paie, l'administration des avantages sociaux, la gestion des performances, le suivi du temps et des présences et le recrutement. Il permet de rationaliser les processus RH, d'améliorer l'engagement des employés et de garantir le respect des réglementations en matière d'emploi.

Logiciel d'intelligence d'affaires (BI) et d'analyse

Les logiciels de BI et d'analyse permettent aux organisations de collecter, d'analyser et de visualiser des données pour obtenir des informations sur les performances de l'entreprise. Il aide à la prise de décision basée sur les données, identifie les tendances et les modèles, fournit des tableaux de bord et des rapports, et facilite la planification et les prévisions stratégiques.

Logiciel de gestion de la chaîne d'approvisionnement (SCM)

Le logiciel SCM optimise le flux de biens et de services tout au long de la chaîne d'approvisionnement. Il comprend des modules pour l'approvisionnement, la gestion des stocks, la prévision de la demande, l'exécution des commandes et la logistique. Le logiciel

SCM aide les organisations à améliorer leur efficacité, à réduire leurs coûts et à améliorer la collaboration avec leurs fournisseurs et partenaires.

Logiciel de communication et de collaboration

Les logiciels de communication et de collaboration comprennent des outils de messagerie électronique, de messagerie instantanée, de vidéoconférence, de partage de documents et de collaboration de projet. Il aide les équipes à communiquer efficacement, à collaborer en temps réel et à partager des informations de manière transparente.

Plateformes de commerce électronique

Les plateformes de commerce électronique permettent aux entreprises d'établir et de gérer des boutiques en ligne, de traiter des transactions en ligne et de gérer les stocks et les commandes des clients. Ils fournissent des fonctionnalités pour la gestion du catalogue de produits, la fonctionnalité du panier d'achat, le traitement sécurisé des paiements et l'exécution des commandes.

Logiciel de gestion des processus métier (BPM)

Un logiciel BPM aide les organisations à modéliser, automatiser et optimiser leurs processus métier. Il permet aux entreprises de documenter les flux de travail, d'automatiser les tâches de routine, de suivre les progrès et d'analyser l'efficacité des processus pour apporter des améliorations opérationnelles.

Ce ne sont là que quelques exemples des nombreux types de logiciels d'entreprise disponibles. Au fur et à mesure que la technologie progresse, de nouvelles catégories de logiciels et des solutions spécialisées émergent pour répondre aux besoins et aux défis spécifiques de l'industrie. Choisir les bonnes solutions logicielles et les intégrer efficacement dans les processus métier peut grandement améliorer l'efficacité, la productivité et la compétitivité dans le paysage commercial dynamique d'aujourd'hui.

Avantages et défis de l'utilisation d'un logiciel d'entreprise

Les logiciels d'entreprise offrent plusieurs avantages qui contribuent à accroître l'efficacité, la productivité et la compétitivité. Cependant, il présente également certains défis que les organisations doivent relever pour une mise en œuvre et une utilisation réussies. Explorons les avantages et les défis de l'utilisation de logiciels d'entreprise :

Avantages de l'utilisation d'un logiciel d'entreprise : Efficacité opérationnelle accrue

Les logiciels d'entreprise automatisent les tâches manuelles, rationalisent les processus et réduisent les erreurs humaines, ce qui améliore l'efficacité et la productivité. Il élimine les activités répétitives et chronophages, permettant aux employés de se concentrer sur des tâches à plus forte valeur ajoutée.

Prise de décision améliorée

Les logiciels d'entreprise donnent accès à des données et des analyses en temps réel, permettant une prise de décision éclairée. Il génère des rapports, des visualisations et des informations qui aident à évaluer les performances, à identifier les tendances et à prévoir les résultats. La prise de décision basée sur les données conduit à de meilleurs choix stratégiques.

Collaboration et communication améliorées

Les logiciels d'entreprise incluent souvent des outils de collaboration et des plates-formes centralisées de communication. Il facilite une collaboration d'équipe efficace, le partage des connaissances et une communication transparente entre les départements et les zones géographiques. Cela favorise la collaboration, améliore le travail d'équipe et accélère l'achèvement des projets.

Meilleure gestion de la relation client

Un logiciel de gestion de la relation client aide les entreprises à comprendre les besoins des clients, à suivre les interactions et à proposer des expériences personnalisées. Il permet aux organisations de gérer les données clients, d'automatiser les processus de vente et de fournir un service client exceptionnel, ce qui se traduit par une satisfaction et une fidélité accrues des clients.

Processus commerciaux rationalisés

Les logiciels d'entreprise normalisent et automatisent les flux de travail, garantissant des processus cohérents et efficaces. Il réduit les erreurs manuelles, élimine les étapes redondantes et permet l'optimisation des processus métier, ce qui entraîne une augmentation de la productivité et des économies de coûts.

Défis liés à l'utilisation de logiciels d'entreprise : coûts et complexité de la mise en œuvre

La mise en œuvre de logiciels d'entreprise nécessite souvent un investissement initial important dans les licences, le matériel et l'infrastructure. Cela peut également impliquer la formation des employés et l'adaptation des processus existants, ce qui peut être complexe et chronophage.

Intégration avec les systèmes existants

L'intégration de nouveaux logiciels avec des systèmes existants peut être difficile, en particulier lorsqu'il s'agit de systèmes hérités ou personnalisés. Assurer un flux de données fluide et la compatibilité entre différentes applications logicielles peut nécessiter une planification minutieuse et une expertise technique.

Problèmes de sécurité et de confidentialité des données

Les logiciels d'entreprise impliquent le stockage et le traitement de données commerciales et clients sensibles. Assurer la sécurité des données et la protection de la vie privée est essentiel pour prévenir les violations, les accès non autorisés et la perte de données. Les organisations doivent mettre en œuvre des mesures de sécurité solides et respecter les réglementations en matière de protection des données.

Résistance des utilisateurs et gestion du changement

L'introduction de nouveaux logiciels peut se heurter à la résistance des employés qui peuvent être habitués aux processus existants. Les efforts de gestion du changement, y compris la formation, la communication et la réponse aux préoccupations des utilisateurs, sont essentiels pour faciliter une transition en douceur et obtenir l'acceptation des utilisateurs.

Interruption du système et problèmes techniques

Les logiciels d'entreprise, comme toute technologie, peuvent subir des temps d'arrêt, des bogues logiciels ou des problèmes techniques. Les organisations doivent disposer de plans d'urgence, d'un support technique et de processus de maintenance pour minimiser les interruptions et résoudre les problèmes rapidement.

En reconnaissant et en relevant ces défis, les entreprises peuvent exploiter tous les avantages des logiciels d'entreprise tout en atténuant les risques potentiels. Une planification minutieuse, une gestion efficace du changement, une formation continue et un support technique solide contribuent à la réussite de la mise en œuvre et de l'utilisation des solutions logicielles d'entreprise.

Chapitre 2
Planification et sélection de logiciels d'entreprise

Dans le chapitre 2 de "L'art des logiciels d'entreprise : un guide complet pour réussir", nous nous penchons sur le processus crucial de planification et de sélection du logiciel adapté à votre organisation. Ce chapitre fournit aux lecteurs les connaissances et les stratégies nécessaires pour naviguer dans les complexités du choix des solutions logicielles d'entreprise les plus appropriées.

Nous commençons par souligner l'importance de bien comprendre et de définir les besoins et les exigences de votre entreprise. En procédant à une évaluation complète des processus, des points faibles et des objectifs de votre organisation, vous pouvez identifier les domaines spécifiques où le logiciel peut apporter le plus de valeur. Cette analyse jette les bases de la sélection de logiciels qui correspondent à vos objectifs commerciaux uniques.

Ensuite, nous guidons les lecteurs tout au long du processus de réalisation d'une étude de faisabilité. Cela implique d'évaluer les aspects techniques, opérationnels, financiers et stratégiques de la mise en œuvre de nouvelles solutions logicielles. En évaluant minutieusement des facteurs tels que le budget, la disponibilité des ressources, les capacités techniques et le retour sur investissement potentiel, les organisations peuvent prendre des décisions éclairées concernant la mise en œuvre de logiciels.

Le chapitre se penche ensuite sur le processus d'évaluation et de sélection. Nous fournissons aux lecteurs des considérations clés et les meilleures pratiques pour évaluer les options logicielles. Cela inclut l'identification des caractéristiques et fonctionnalités critiques, l'examen de l'évolutivité et de la flexibilité, l'évaluation de la réputation et du support des fournisseurs, et la prise en compte de facteurs tels que les capacités d'intégration et les futures voies de mise à niveau.

Pour faciliter le processus de sélection, nous explorons l'importance de créer une équipe de sélection de logiciels composée d'intervenants de divers départements de l'organisation. L'implication de personnes ayant des perspectives et des expertises diverses garantit une évaluation complète des options logicielles et améliore la probabilité de sélectionner une solution qui répond aux besoins de toutes les parties prenantes.

De plus, nous discutons de l'importance d'effectuer des démonstrations et des essais de logiciels pour évaluer la convivialité, l'expérience utilisateur et la compatibilité avec les systèmes existants. Cette approche pratique permet aux organisations d'acquérir une expérience de première main et d'évaluer comment le logiciel s'intégrera dans leur environnement spécifique.

De plus, nous soulignons la valeur de la recherche de références et de la vérification diligente des éditeurs de logiciels. En recueillant les commentaires des utilisateurs actuels, en vérifiant les informations d'identification des fournisseurs et en examinant les témoignages ou les études de cas, les organisations peuvent obtenir des informations sur la fiabilité, le support client et la réputation globale des fournisseurs de logiciels potentiels.

Enfin, nous fournissons des conseils sur la prise de décision finale et la négociation de contrats avec des fournisseurs sélectionnés. Cela inclut des considérations telles que les modèles de tarification, les accords de licence, les conditions d'assistance et de maintenance, les délais de mise en œuvre et les accords de niveau de service. En examinant et en négociant soigneusement ces aspects, les organisations peuvent garantir un partenariat réussi et mutuellement bénéfique avec le fournisseur de logiciels choisi.

En conclusion, le chapitre 2 sert de guide complet pour la planification et la sélection de logiciels d'entreprise. En comprenant l'importance d'évaluer les besoins de l'entreprise, de mener des études de faisabilité, d'évaluer les options logicielles et d'impliquer les principales parties prenantes, les organisations peuvent prendre des décisions éclairées qui alignent les solutions logicielles sur leurs objectifs stratégiques. Le chapitre fournit aux lecteurs des conseils pratiques et des meilleures pratiques pour naviguer dans le processus de sélection de logiciels, garantissant l'adoption réussie de solutions logicielles qui favorisent le succès de l'organisation.

Évaluation des besoins et des exigences de l'entreprise

L'une des étapes fondamentales de la planification et de la sélection d'un logiciel d'entreprise consiste à évaluer les besoins et les exigences de votre organisation. Ce processus implique d'acquérir une compréhension globale de vos opérations actuelles, de vos points faibles et de vos objectifs afin d'identifier les domaines spécifiques où le logiciel peut apporter le plus de valeur. Ici, nous explorons l'importance d'évaluer les besoins de l'entreprise et offrons des conseils sur la réalisation d'une évaluation efficace.

Avant tout, il est crucial d'impliquer les principales parties prenantes de différents départements et niveaux au sein de votre organisation. Cela garantit qu'un large éventail de perspectives et d'idées sont prises en compte au cours du processus d'évaluation. En impliquant des personnes qui sont directement impactées par le logiciel ou qui ont une compréhension approfondie des flux de travail de l'organisation, vous pouvez saisir diverses exigences et favoriser une plus grande adhésion tout au long de la mise en œuvre.

Commencez par cartographier vos processus métier existants. Documentez les étapes impliquées dans les flux de travail clés, identifiez les points faibles et identifiez les domaines qui nécessitent des améliorations. Ce processus fournit une image claire de la façon dont votre organisation fonctionne actuellement et sert de base pour identifier les fonctionnalités logicielles qui peuvent rationaliser et améliorer ces processus.

Ensuite, définissez vos buts et objectifs spécifiques pour la mise en œuvre de nouveaux logiciels. Quels sont les résultats souhaités ? Souhaitez-vous améliorer l'efficacité opérationnelle, améliorer le service client, augmenter les ventes ou rationaliser les processus financiers ? En définissant clairement vos objectifs, vous pouvez vous concentrer sur la sélection de solutions logicielles qui correspondent à ces objectifs et fournir les fonctionnalités et capacités nécessaires pour les atteindre.

Tenez compte de l'évolutivité et de la flexibilité de votre organisation. Évaluez si le logiciel doit prendre en charge la croissance et l'expansion, s'adapter à l'augmentation des volumes de données ou gérer l'évolution des besoins de l'entreprise. Anticiper les besoins futurs vous aidera à sélectionner des logiciels capables de s'adapter et de s'adapter à l'évolution de votre organisation, évitant ainsi la nécessité de remplacements fréquents de logiciels.

Un autre aspect critique consiste à prendre en compte les exigences d'intégration avec vos systèmes et votre infrastructure existants. Évaluez comment le nouveau logiciel interagira avec votre pile technologique, vos bases de données et vos outils actuels. Déterminez si le logiciel peut s'intégrer de manière transparente à vos systèmes pour assurer un flux de données fluide et minimiser les interruptions.

Lors de l'évaluation, il est essentiel d'impliquer les utilisateurs finaux qui utiliseront le logiciel au quotidien. Sollicitez leur contribution pour comprendre leurs points faibles, leurs défis et leurs exigences. Cela garantit non seulement que leurs besoins sont pris en compte, mais contribue également à favoriser l'adoption par les utilisateurs et à résoudre les résistances potentielles au cours du processus de mise en œuvre.

Tenez compte des exigences de conformité ou des réglementations spécifiques à l'industrie auxquelles votre organisation doit se conformer. Certaines industries, telles que la santé ou la finance, ont des réglementations spécifiques en matière de sécurité et de confidentialité des données. Assurez-vous que le logiciel est conforme à ces exigences et dispose des protections nécessaires pour protéger les informations sensibles.

Enfin, évaluez le budget et les ressources disponibles pour la mise en œuvre du logiciel. Déterminez l'investissement financier requis, y compris les coûts de licence, les frais de mise en œuvre et les dépenses de maintenance courantes. Tenez compte de la disponibilité des ressources internes telles que le personnel informatique ou les consultants qui peuvent aider à la mise en œuvre et au support continu.

En évaluant minutieusement les besoins et les exigences de votre organisation, en impliquant les principales parties prenantes, en cartographiant les processus, en définissant les objectifs, en tenant compte de l'évolutivité, de l'intégration, des perspectives des utilisateurs, de la conformité de l'industrie et du budget, vous pouvez établir une base solide pour sélectionner un logiciel d'entreprise qui répondra efficacement aux besoins uniques de votre organisation et contribuera à son succès global.

Réalisation d'une étude de faisabilité

Une fois que vous avez évalué les besoins de votre organisation et identifié les solutions logicielles potentielles, la prochaine étape cruciale consiste à mener une étude de faisabilité. Cette étude évalue les aspects techniques, opérationnels, financiers et stratégiques de la mise en œuvre du logiciel sélectionné. En menant une étude de faisabilité complète, vous pouvez prendre des décisions éclairées sur la mise en œuvre du logiciel et assurer son succès. Ici, nous explorons les éléments clés d'une étude de faisabilité et offrons des conseils pour la mener efficacement.

Faisabilité technique

Évaluez la faisabilité technique de la mise en œuvre du logiciel en évaluant des facteurs tels que la compatibilité avec les systèmes existants, les exigences en matière de matériel et d'infrastructure et l'expertise technique au sein de votre organisation. Déterminez si le logiciel peut être intégré sans problème à votre pile technologique actuelle et si votre équipe informatique possède les compétences nécessaires pour prendre en charge la mise en œuvre.

Faisabilité opérationnelle

Évaluez la faisabilité opérationnelle du logiciel en examinant comment il s'aligne sur les flux de travail et les processus de votre organisation. Déterminez si le logiciel peut rationaliser efficacement les opérations, améliorer la productivité et fournir les résultats souhaités. Identifiez les perturbations ou les défis potentiels qui peuvent survenir au cours du processus de mise en œuvre et déterminez comment ils peuvent être atténués.

Faisabilité financière

Évaluer la faisabilité financière en analysant les coûts associés à la mise en œuvre et à la maintenance du logiciel. Tenez compte des frais de licence, des dépenses de mise en œuvre, des mises à niveau matérielles, des coûts de formation et des frais de support et de maintenance continus. Évaluez le retour sur investissement (ROI) potentiel et déterminez si les avantages financiers l'emportent sur les coûts à long terme.

Faisabilité stratégique

Analysez la faisabilité stratégique en alignant la mise en œuvre du logiciel sur les objectifs et les stratégies globales de votre organisation. Déterminez si le logiciel soutient vos objectifs stratégiques, améliore la compétitivité et aide à obtenir un avantage concurrentiel durable. Évaluez comment le logiciel s'inscrit dans vos plans à long terme et s'il s'aligne sur l'évolution des besoins de votre organisation.

L'évaluation des risques

Identifiez les risques et les défis potentiels qui peuvent survenir au cours du processus de mise en œuvre. Tenez compte de facteurs tels que les risques de sécurité des données, les temps d'arrêt du système, la résistance des utilisateurs et la fiabilité des fournisseurs. Évaluer la gravité et l'impact de ces risques et développer des stratégies d'atténuation pour minimiser leurs effets sur la mise en œuvre.

Analyse des parties prenantes

Tenez compte des perspectives et des intérêts des principaux intervenants qui seront touchés par la mise en œuvre du logiciel. Identifiez leurs besoins, leurs préoccupations et leurs attentes. S'engager avec les parties prenantes par le biais d'enquêtes, d'entretiens et d'ateliers pour s'assurer que leur contribution est prise en compte dans le processus de prise de décision. Répondre aux préoccupations des parties prenantes dès le début peut améliorer l'adhésion et faciliter une mise en œuvre plus fluide.

Documentation et rapports

Documenter tous les résultats, analyses et conclusions de l'étude de faisabilité dans un rapport complet. Ce rapport servira de référence pour la prise de décision, ainsi que de transparence et de documentation tout au long du processus de mise en œuvre. Communiquez clairement les résultats de l'étude de faisabilité aux principales parties prenantes, en vous assurant qu'elles comprennent les implications et les avantages de la mise en œuvre du logiciel.

En menant une étude de faisabilité approfondie, vous pouvez évaluer la viabilité technique, opérationnelle, financière et stratégique de la mise en œuvre du logiciel sélectionné. Cette étude fournit des informations précieuses qui éclairent la prise de décision et permettent aux organisations d'anticiper et de relever les défis potentiels, augmentant ainsi les chances d'une implémentation logicielle réussie qui s'aligne sur les objectifs de l'organisation et contribue à son succès global.

Évaluation de différentes options logicielles

Une fois que vous avez mené une étude de faisabilité et défini les besoins de votre organisation, la prochaine étape du processus de sélection de logiciels consiste à évaluer différentes options logicielles. Cette phase d'évaluation est essentielle car elle vous permet de comparer et d'évaluer diverses solutions pour déterminer celle qui convient le mieux à votre organisation. Ici, nous explorons les considérations clés et les meilleures pratiques pour évaluer efficacement différentes options logicielles.

Identifier les caractéristiques et fonctionnalités clés

Commencez par identifier les caractéristiques et fonctionnalités clés qui sont essentielles pour répondre aux besoins de votre organisation. Créez une liste d'exigences spécifiques et hiérarchisez-les en fonction de leur importance. Cela garantit que vous vous concentrez sur des solutions qui offrent les capacités nécessaires pour soutenir vos opérations et atteindre vos objectifs.

Évolutivité et flexibilité

Tenez compte de l'évolutivité et de la flexibilité des options logicielles. Évaluez s'ils peuvent s'adapter à la croissance et à l'évolution des besoins de votre organisation. Déterminez si le logiciel peut évoluer avec votre entreprise, gérer des volumes de données croissants et s'adapter à l'évolution des besoins. Cela garantit que le logiciel peut prendre en charge les objectifs à long terme de votre organisation et son expansion future.

Capacités d'intégration

Évaluez les capacités d'intégration de chaque option logicielle. Considérez dans quelle mesure le logiciel peut s'intégrer à vos systèmes, bases de données et outils existants. Évaluez s'il peut échanger de manière transparente des données et des informations avec d'autres applications, garantissant ainsi une interopérabilité fluide. Des capacités d'intégration robustes évitent les silos de données et permettent un flux de données efficace dans votre organisation.

Expérience utilisateur et convivialité

Évaluer l'expérience utilisateur et la convivialité de chaque option logicielle. Considérez à quel point l'interface est intuitive et conviviale. Recherchez un logiciel qui minimise la courbe d'apprentissage et offre une expérience utilisateur agréable. Effectuez des démonstrations de logiciels ou demandez des essais pour acquérir une expérience de première main et évaluer la facilité avec laquelle votre équipe peut s'adapter et utiliser le logiciel.

Réputation et assistance du fournisseur

Rechercher et évaluer la réputation et la crédibilité des éditeurs de logiciels. Tenez compte de facteurs tels que l'expérience du fournisseur, sa présence dans l'industrie et les avis des clients. Recherchez des fournisseurs qui ont fait leurs preuves dans la fourniture de solutions logicielles fiables et de haute qualité. De plus, évaluez le niveau d'assistance et de service client offert par le fournisseur pour vous assurer que vous recevez une assistance rapide en cas de besoin.

Coût total de possession

Tenez compte du coût total de possession (TCO) de chaque option logicielle. Évaluez non seulement les coûts initiaux, mais également les dépenses courantes, telles que les frais de licence, les frais de maintenance et de support, ainsi que tous les coûts supplémentaires de personnalisation ou d'intégration. Comparez le coût total de possession des différentes options pour vous assurer qu'elles correspondent à votre budget et offrent un retour sur investissement satisfaisant.

Chemins de mise à niveau futurs et feuille de route

Évaluez les futurs chemins de mise à niveau et la feuille de route des options logicielles. Tenez compte de la fréquence à laquelle le fournisseur publie des mises à jour et de nouvelles fonctionnalités. Évaluez leur engagement à se tenir au courant des tendances de l'industrie et des technologies en évolution. Recherchez un logiciel qui offre une feuille de route de produit claire, indiquant le développement et les améliorations continus pour répondre aux besoins en constante évolution de votre organisation.

Références et études de cas

Demandez des références aux éditeurs de logiciels et parlez à leurs clients existants. Cela vous permet de recueillir des commentaires sur les performances, la fiabilité et le support du fournisseur du logiciel. De plus, examinez des études de cas ou des exemples de réussite pour comprendre comment d'autres organisations ont bénéficié de la mise en œuvre du logiciel. Les informations tirées des références et des études de cas fournissent des expériences concrètes précieuses pour éclairer votre processus de prise de décision.

En évaluant minutieusement différentes options logicielles en fonction des fonctionnalités clés, de l'évolutivité, des capacités d'intégration, de l'expérience utilisateur, de la réputation du fournisseur, du coût total de possession, des futurs chemins de mise à niveau et des références, vous pouvez prendre une décision éclairée. Il est important d'impliquer les principales parties prenantes dans le processus d'évaluation et de tenir compte de leurs points de vue et de leurs exigences. N'oubliez pas que la sélection de la bonne solution logicielle nécessite un examen et une analyse minutieux pour garantir une mise en œuvre réussie qui répond aux besoins de votre organisation et favorise son succès global.

Prendre des décisions éclairées et sélectionner le bon logiciel

Choisir le bon logiciel pour votre organisation est une décision critique qui peut avoir un impact profond sur vos opérations et votre réussite globale. En suivant une approche systématique et en tenant compte des facteurs clés, vous pouvez prendre des décisions éclairées et choisir le logiciel qui correspond le mieux aux besoins de votre organisation. Ici, nous explorons les meilleures pratiques pour sélectionner le bon logiciel et assurer une mise en œuvre réussie.

Évaluer l'alignement avec les besoins de l'entreprise

Examinez en détail les besoins et les exigences de votre organisation, en tenant compte des conclusions de votre évaluation et de votre étude de faisabilité. Assurez-vous que la solution logicielle correspond étroitement aux besoins spécifiques de votre entreprise et résout les problèmes que vous avez identifiés. Privilégiez les options logicielles qui offrent la couverture la plus complète de vos besoins.

Impliquer les principales parties prenantes

Impliquer les principales parties prenantes de divers départements dans le processus de prise de décision. Cela inclut les utilisateurs finaux, les responsables, le personnel informatique et la direction. Chaque groupe de parties prenantes peut avoir des perspectives et des exigences uniques. Les impliquer dans le processus d'évaluation et de prise de décision aide à favoriser l'adhésion, améliore l'adoption par les utilisateurs et garantit que le logiciel sélectionné répond aux besoins de toutes les parties prenantes.

Effectuer des démonstrations et des essais de logiciels

Demandez des démonstrations de logiciels auprès des fournisseurs présélectionnés. Ces démonstrations permettent d'évaluer l'interface utilisateur, les fonctionnalités et la facilité d'utilisation du logiciel. Si possible, demandez des essais ou des programmes pilotes pour tester le logiciel dans un scénario réel. Cette expérience pratique vous permet d'évaluer dans quelle mesure le logiciel s'aligne sur vos flux de travail et s'il répond à vos attentes.

Envisagez l'intégration et l'évolutivité

Évaluez dans quelle mesure le logiciel s'intègre à vos systèmes et bases de données existants. Déterminez s'il offre la flexibilité d'évoluer et de s'adapter à mesure que votre organisation grandit et évolue. Tenez compte des futurs besoins d'intégration potentiels et assurez-vous que le logiciel peut se connecter de manière transparente à d'autres applications essentielles à vos processus métier.

Évaluer le soutien et la réputation des fournisseurs

Faites des recherches sur la réputation et la fiabilité des éditeurs de logiciels. Tenez compte de facteurs tels que leur expérience dans le secteur, les avis des clients et leurs antécédents en matière de fourniture d'une assistance rapide et efficace. Évaluez l'engagement du fournisseur en matière d'assistance continue, y compris les mises à jour régulières, les corrections de bogues et l'assistance client. Choisissez un fournisseur connu pour son approche centrée sur le client et son partenariat à long terme.

Examiner le coût total de possession (TCO)

Tenez compte du coût total de possession (TCO) du logiciel, y compris les coûts initiaux, les frais de licence permanents, les frais de maintenance et de support, les dépenses de formation et les coûts potentiels de personnalisation ou d'intégration. Comparez le coût total de possession des différentes options et évaluez leur proposition de valeur par rapport aux avantages et au retour sur investissement qu'elles offrent. Assurez-vous que le logiciel sélectionné respecte votre budget et offre un retour sur investissement satisfaisant.

Rechercher des références et des études de cas

Demandez des références aux éditeurs de logiciels et contactez leurs clients existants. Obtenez des commentaires sur leur expérience avec le logiciel, y compris le processus de mise en œuvre, le support du fournisseur et la satisfaction globale. Passez en revue des études de cas ou des exemples de réussite pour comprendre comment des organisations similaires ont bénéficié de l'utilisation du logiciel. Les informations tirées des références et des études de cas peuvent aider à valider les affirmations du fournisseur et fournir de précieuses perspectives du monde réel.

Prendre une décision éclairée

Sur la base de l'évaluation, des commentaires des parties prenantes, de la réputation du fournisseur, de l'analyse du coût total de possession et des références, prenez une décision éclairée. Sélectionnez le logiciel qui correspond le mieux aux besoins de votre organisation, fait preuve de fiabilité et d'évolutivité, offre un support solide et correspond parfaitement à vos objectifs à long terme et à votre vision stratégique. Documenter le processus de prise de décision, y compris la justification de la sélection, pour assurer la transparence et conserver un enregistrement de la décision pour référence future.

En suivant ces meilleures pratiques et en effectuant une évaluation approfondie, vous pouvez sélectionner le bon logiciel qui répond aux besoins de votre organisation et prépare le terrain pour une mise en œuvre réussie. N'oubliez pas que la sélection de logiciels est un processus itératif qui nécessite de la collaboration, de la recherche et une réflexion approfondie. Avec une décision éclairée, vous pouvez tirer parti du logiciel choisi

CHAPITRE 3
Implémentation d'un logiciel métier

Dans le chapitre 3 de "L'art du logiciel d'entreprise : un guide complet pour réussir", nous nous penchons sur la phase critique de la mise en œuvre d'un logiciel d'entreprise. Ce chapitre se concentre sur les aspects pratiques de l'introduction et de l'intégration réussies de la solution logicielle choisie dans les opérations de votre organisation. En suivant les meilleures pratiques et des stratégies efficaces, vous pouvez maximiser les avantages du logiciel et assurer un processus de mise en œuvre fluide.

Nous commençons par souligner l'importance d'une bonne préparation avant de lancer la mise en œuvre. Cela implique d'établir un plan de mise en œuvre clair avec des objectifs, des échéanciers et des étapes clés définis. Il est essentiel d'impliquer les parties prenantes et de communiquer le plan de mise en œuvre à l'ensemble de l'organisation, en veillant à ce que chacun comprenne ses rôles et responsabilités tout au long du processus.

Ensuite, nous discutons de l'importance de la migration et de la préparation des données. Un transfert de données fluide et précis est crucial pour une mise en œuvre réussie. Nous aidons les lecteurs à évaluer leurs données existantes, à les nettoyer et à les organiser, et à déterminer la stratégie de migration la plus efficace. En garantissant la qualité et l'intégrité des données, les organisations peuvent éviter les problèmes potentiels et maximiser l'efficacité du logiciel.

Le chapitre se penche ensuite sur l'importance de la gestion du changement au cours du processus de mise en œuvre. L'introduction de nouveaux logiciels apporte souvent des changements aux workflows, processus et routines établis. Nous fournissons des stratégies pour gérer le changement, y compris une communication efficace, l'engagement des utilisateurs finaux dans le processus, la formation et le soutien et la lutte contre la résistance. En se concentrant sur la gestion du changement, les organisations peuvent favoriser l'adoption par les utilisateurs et minimiser les perturbations pendant la transition.

De plus, nous explorons l'importance de la personnalisation et de la configuration pour aligner le logiciel sur les exigences spécifiques de l'organisation. Nous discutons des options de personnalisation disponibles, des meilleures pratiques pour adapter le logiciel aux besoins organisationnels et des considérations pour trouver le bon équilibre entre la personnalisation et le maintien de l'intégrité du logiciel.

Une formation efficace est un autre aspect crucial de la mise en œuvre d'un logiciel d'entreprise. Nous insistons sur la nécessité de programmes de formation complets et continus pour garantir que les utilisateurs possèdent les compétences et les connaissances nécessaires pour utiliser le logiciel de manière efficace. Nous discutons de différentes approches de formation, telles que la formation sur site, les tutoriels en ligne, la documentation et les sessions de partage des connaissances. En investissant dans la formation, les organisations peuvent responsabiliser leurs employés et maximiser le potentiel du logiciel.

Le chapitre traite également de l'importance du suivi et de l'évaluation du processus de mise en œuvre. L'évaluation régulière des progrès, l'identification des défis et la mesure de l'impact du logiciel sont essentielles pour effectuer les ajustements nécessaires et assurer une mise en œuvre réussie. Nous discutons des indicateurs de performance clés (KPI) et des mesures qui peuvent être utilisées pour suivre l'efficacité du logiciel et mesurer son impact sur les principaux résultats commerciaux.

Enfin, nous soulignons l'importance d'un support et d'une maintenance continus après la mise en œuvre initiale. Le logiciel nécessite des mises à jour régulières, des corrections de bogues et un support technique pour garantir ses performances optimales. Nous discutons de l'importance de maintenir une relation solide avec le fournisseur de logiciels, d'explorer les canaux de support disponibles et d'établir des procédures pour gérer les problèmes et les mises à jour du logiciel.

En conclusion, le chapitre 3 fournit aux lecteurs des conseils pratiques pour réussir la mise en œuvre d'un logiciel d'entreprise. En mettant l'accent sur l'importance de la préparation, de la migration des données, de la gestion du changement, de la personnalisation, de la formation, de la surveillance et de l'assistance continue, les organisations peuvent naviguer efficacement dans le processus de mise en œuvre. La mise en œuvre d'un logiciel d'entreprise nécessite une approche holistique qui englobe non seulement les aspects techniques, mais également les personnes, les processus et le changement organisationnel. Avec les bonnes stratégies et un plan de mise en œuvre bien exécuté, les organisations peuvent exploiter tout le potentiel du logiciel et générer des résultats positifs.

Préparation à la mise en œuvre du logiciel

Avant de se lancer dans la mise en œuvre d'un logiciel d'entreprise, il est essentiel d'entreprendre une préparation approfondie pour préparer le terrain pour un processus de mise en œuvre réussi. Le chapitre 3 de "The Art of Business Software : A Comprehensive Guide for Success" met l'accent sur l'importance d'une bonne préparation et fournit des informations précieuses sur les étapes essentielles impliquées. Ici, nous explorons les aspects clés de la préparation de la mise en œuvre du logiciel.

Établir des objectifs et des buts clairs

Définir clairement les objectifs et les buts de la mise en œuvre du logiciel. Quels résultats spécifiques visez-vous à atteindre ? Cherchez-vous à améliorer l'efficacité opérationnelle, à améliorer le service client ou à rationaliser les processus financiers ? En établissant des objectifs clairs, vous pouvez aligner le processus de mise en œuvre sur les priorités stratégiques de votre organisation et vous assurer que le logiciel remplit son objectif.

Élaborer un plan de mise en œuvre

Créez un plan de mise en œuvre complet qui décrit les étapes, les délais et les étapes clés du processus de mise en œuvre. Identifiez les ressources et le personnel requis pour chaque étape et répartissez les responsabilités en conséquence. Ce plan agit comme une feuille de route, guidant l'équipe de mise en œuvre et les parties prenantes tout au long du processus et garantissant une approche structurée et organisée de la mise en œuvre.

Engager les parties prenantes

Impliquer les principales parties prenantes tout au long du processus de mise en œuvre. Cela inclut les utilisateurs finaux, les responsables, le personnel informatique et la direction. Veiller à ce que toutes les parties prenantes aient une voix et que leurs points de vue soient pris en compte. L'engagement précoce des parties prenantes favorise l'adhésion, crée un sentiment d'appartenance et augmente les chances d'adoption réussie par les utilisateurs.

Établir des canaux de communication

Établissez des canaux de communication efficaces pour tenir les parties prenantes informées et engagées tout au long du processus de mise en œuvre. Communiquez régulièrement les progrès, les jalons atteints et tout changement ou mise à jour lié à la mise en œuvre. Une communication transparente et opportune favorise la confiance, gère les attentes et atténue la résistance ou les malentendus.

Préparer la migration et le nettoyage des données

Évaluez vos données existantes et déterminez la stratégie de migration des données. Identifiez les données nécessaires à migrer, en garantissant leur exactitude, leur exhaustivité et leur cohérence. Nettoyez et organisez les données pour éviter de transférer des informations redondantes ou erronées. Cette étape assure une transition en douceur et permet une utilisation efficace des caractéristiques et fonctionnalités du logiciel.

Tenez compte des exigences en matière d'infrastructure et de matériel

Évaluez l'infrastructure et les exigences matérielles de votre organisation pour la mise en œuvre du logiciel. Assurez-vous que vos systèmes existants peuvent prendre en charge le logiciel et répondre à ses spécifications techniques. Si nécessaire, mettez à niveau votre matériel ou effectuez des ajustements d'infrastructure pour optimiser les performances et la compatibilité.

Allouer des ressources

Allouez les ressources nécessaires, y compris le personnel, le budget et le temps, pour le processus de mise en œuvre. Assurez-vous que l'équipe de mise en œuvre possède les compétences et l'expertise requises pour s'acquitter efficacement de son rôle. Une allocation et une planification adéquates des ressources minimisent les perturbations et permettent une mise en œuvre plus efficace.

Développer un programme de formation

Mettre en œuvre un programme de formation complet pour doter les utilisateurs finaux des connaissances et des compétences nécessaires pour utiliser efficacement le logiciel. Adapter le programme de formation pour répondre aux besoins spécifiques des différents groupes d'utilisateurs. Envisagez une combinaison de méthodes de formation, telles que des ateliers, des didacticiels en ligne, de la documentation et des exercices pratiques. La formation assure une transition plus fluide, renforce la confiance des utilisateurs et maximise les avantages du logiciel.

Tester et valider

Effectuer des tests approfondis du logiciel avant la mise en œuvre complète pour identifier et résoudre tout problème ou bogue. Validez les performances, les fonctionnalités et la compatibilité du logiciel avec l'environnement de votre organisation. Les tests d'acceptation des utilisateurs (UAT) impliquant des utilisateurs finaux représentatifs peuvent aider à garantir que le logiciel répond à leurs besoins et exigences spécifiques.

Établir un soutien après la mise en œuvre

Élaborer un plan de soutien et de maintenance après la mise en œuvre. Déterminez comment les problèmes logiciels, les questions et les mises à jour seront traités. Établissez des canaux d'assistance, tels qu'un service d'assistance ou une équipe d'assistance dédiée, pour fournir une assistance rapide aux utilisateurs finaux. L'assistance et la maintenance continues garantissent la longévité et les performances optimales du logiciel.

En suivant ces étapes clés dans la préparation de la mise en œuvre du logiciel, les organisations peuvent jeter les bases solides d'un processus de mise en œuvre réussi. Une bonne préparation améliore l'efficacité du logiciel, minimise les risques et augmente l'acceptation par les utilisateurs. Un processus de mise en œuvre bien préparé prépare le terrain pour exploiter tout le potentiel du logiciel afin d'atteindre les objectifs organisationnels et de favoriser le succès.

Élaboration d'une stratégie et d'un calendrier de mise en œuvre

Lors de la préparation de la mise en œuvre du logiciel, il est crucial de développer une stratégie et un calendrier de mise en œuvre clairs et bien définis. Une stratégie complète décrit les étapes nécessaires, attribue les responsabilités et établit un calendrier pour le déploiement réussi du logiciel. Dans cette section, nous explorons les considérations clés et les meilleures pratiques pour développer une stratégie et un calendrier de mise en œuvre efficaces.

Définir les objectifs de mise en œuvre

Commencez par définir clairement les buts et les objectifs de la mise en œuvre. Quels résultats spécifiques souhaitez-vous atteindre ? Déterminez les indicateurs de performance clés (KPI) qui mesureront le succès de la mise en œuvre. Ces objectifs guideront l'élaboration de votre stratégie de mise en œuvre.

Identifier les tâches critiques et les jalons

Identifiez les tâches critiques requises pour mener à bien la mise en œuvre. Décomposez le processus de mise en œuvre en phases ou étapes gérables. Chaque phase doit avoir des jalons spécifiques qui marquent l'achèvement des livrables ou des réalisations clés. Cela permet un meilleur suivi des progrès et garantit une approche structurée de la mise en œuvre.

Attribuer les responsabilités

Attribuez des responsabilités claires aux personnes ou aux équipes impliquées dans le processus de mise en œuvre. Identifiez les principales parties prenantes, y compris les chefs de projet, le personnel informatique, les utilisateurs finaux et les formateurs. Définir clairement les rôles et les responsabilités de chaque partie prenante pour assurer la responsabilisation et une coordination efficace.

Déterminer les besoins en ressources

Évaluez les ressources nécessaires à la mise en œuvre, y compris le personnel, le budget, l'infrastructure et le temps. Évaluez si vous disposez des ressources nécessaires en interne ou si un soutien externe est requis. L'allocation adéquate des ressources garantit le bon déroulement de la mise en œuvre et minimise les éventuels goulots d'étranglement.

Considérez les dépendances et les interactions

Identifiez toutes les dépendances ou interactions entre les tâches et les parties prenantes. Déterminez si certaines tâches doivent être terminées avant que d'autres puissent commencer, ou si la contribution de parties prenantes spécifiques est requise à différentes étapes. Comprendre ces dépendances vous aide à séquencer correctement les tâches et garantit une collaboration et une communication efficaces.

Développer un calendrier réaliste

Créez un calendrier réaliste qui décrit les dates de début et de fin de chaque tâche ou phase de la mise en œuvre. Tenez compte de la complexité du logiciel, de la disponibilité des ressources et des défis ou risques potentiels qui peuvent avoir un impact sur le calendrier. Il est important de définir des attentes réalistes et de prévoir suffisamment de temps pour les tests, la formation et les ajustements.

Intégrer la gestion du changement

Intégrer les stratégies de gestion du changement dans la stratégie et le calendrier de mise en œuvre. La gestion du changement implique de préparer les parties prenantes aux changements à venir, de répondre aux préoccupations et d'assurer une transition en douceur. Planifiez des activités de communication, de formation et de soutien pour faciliter l'acceptation des utilisateurs et minimiser la résistance.

Surveiller et ajuster

Surveillez régulièrement les progrès de la mise en œuvre par rapport au calendrier établi. Suivez l'achèvement des tâches, des jalons et des KPI. Cela vous permet d'identifier tout retard ou écart et de prendre des mesures correctives si nécessaire. La flexibilité est essentielle, car des ajustements au calendrier peuvent être nécessaires pour faire face à des circonstances imprévues ou à des changements de priorités.

Communiquer et impliquer les parties prenantes

Maintenir une communication ouverte et transparente avec toutes les parties prenantes tout au long du processus de mise en œuvre. Fournir des mises à jour régulières sur les progrès, les jalons atteints et tout ajustement du calendrier. Engagez les parties prenantes par le biais d'ateliers, de réunions et de sessions de formation pour garantir leur implication et répondre à toute préoccupation ou tout commentaire.

Documentez la stratégie et le calendrier de mise en œuvre, en saisissant tous les détails importants, les décisions et les ajustements effectués tout au long du processus. Cela sert de référence pour les implémentations futures ou pour résoudre tout problème post-implémentation. Une fois la mise en œuvre terminée, évaluez l'efficacité de la stratégie et du calendrier pour identifier les leçons apprises et les domaines à améliorer.

En développant une stratégie et un calendrier de mise en œuvre complets, les organisations peuvent assurer un déploiement structuré et réussi du logiciel. Des objectifs clairs, des responsabilités assignées, des délais réalistes et une communication efficace contribuent à un processus de mise en œuvre plus fluide, à l'acceptation des utilisateurs et à l'obtention des résultats souhaités.

Gérer le changement et surmonter la résistance

La mise en œuvre de nouveaux logiciels d'entreprise nécessite souvent de gérer le changement au sein d'une organisation. La gestion du changement est cruciale pour assurer une transition en douceur, minimiser la résistance et maximiser l'adoption par les utilisateurs. Dans cette section, nous explorons les stratégies clés et les meilleures pratiques pour gérer le changement et surmonter la résistance pendant le processus de mise en œuvre du logiciel.

Communiquer la vision

Communiquer clairement la vision et les avantages de la mise en œuvre du logiciel à toutes les parties prenantes. Expliquez comment le logiciel s'aligne sur les objectifs stratégiques de l'organisation et comment il améliorera l'efficacité, la productivité ou le service client. Créez un récit convaincant qui met en évidence l'impact positif que le logiciel aura sur les individus et l'organisation dans son ensemble.

Engager les parties prenantes

Impliquer les parties prenantes tout au long du processus de mise en œuvre. Impliquez des personnes clés de différents départements et niveaux au sein de l'organisation. Recherchez leur avis, répondez à leurs préoccupations et impliquez-les activement dans la prise de décision et la planification. Cette approche participative crée un sentiment d'appropriation et favorise l'adhésion, rendant les parties prenantes plus réceptives aux changements apportés par le logiciel.

Fournir une formation et un soutien adéquats

Investissez dans des programmes de formation complets pour vous assurer que les utilisateurs finaux possèdent les compétences nécessaires pour utiliser efficacement le logiciel. Adaptez les programmes de formation aux différents groupes d'utilisateurs et fournissez un soutien continu pour répondre à toutes les questions ou problèmes qui surviennent. Donner aux utilisateurs les connaissances et les ressources dont ils ont besoin renforce la confiance et minimise la résistance.

Répondre aux préoccupations et aux avantages

Écoutez activement les préoccupations et traitez-les en temps opportun. Créez des canaux de rétroaction et fournissez des forums de discussion ouverte. Communiquez les avantages du logiciel et comment il résout des problèmes spécifiques ou améliore les processus. Mettez en évidence les réussites ou les études de cas d'autres organisations qui ont mis en œuvre avec succès des solutions logicielles similaires.

Identifier les champions du changement

Identifiez les personnes ou les équipes qui sont enthousiastes à propos de la mise en œuvre du logiciel et qui peuvent agir en tant que champions du changement au sein de l'organisation. Ces champions peuvent aider à favoriser l'adoption, fournir un soutien par les pairs et partager leurs expériences positives avec les autres. Reconnaissez et récompensez leurs efforts pour les motiver davantage et inspirer les autres.

Personnalisez et adaptez

Envisagez des options de personnalisation dans le logiciel pour répondre aux besoins spécifiques des utilisateurs ou aux workflows existants. Adaptez le logiciel aux besoins uniques de l'organisation, si possible. L'adaptation du logiciel pour s'aligner sur des processus familiers réduit la résistance et facilite la transition pour les utilisateurs finaux.

Mener par l'exemple

Le leadership joue un rôle crucial dans la gestion du changement. Les dirigeants doivent visiblement soutenir la mise en œuvre du logiciel et l'utiliser activement eux-mêmes. Diriger par l'exemple démontre l'engagement et encourage les autres à adopter le changement. Communiquez régulièrement les avantages et les progrès de la mise en œuvre, en renforçant l'importance du logiciel pour le succès de l'organisation.

Communication continue

Maintenir une communication continue et transparente tout au long du processus de mise en œuvre. Informez régulièrement les parties prenantes des progrès, des étapes franchies et de tout ajustement du calendrier. Répondez rapidement aux préoccupations et fournissez des informations en temps opportun pour tenir tout le monde informé et engagé. Favorisez une culture de communication ouverte où les employés se sentent à l'aise pour exprimer leurs pensées et leurs préoccupations.

Surveiller et adapter

Surveillez le processus de mise en œuvre et soyez ouvert à apporter les ajustements nécessaires en fonction des commentaires et des besoins en constante évolution. Évaluer en permanence l'efficacité du logiciel et son impact sur l'organisation. Sollicitez les commentaires des utilisateurs finaux et apportez des améliorations progressives pour améliorer la convivialité et résoudre toute résistance restante.

Célébrez le succès

Reconnaître et célébrer les jalons et les réalisations tout au long du processus de mise en œuvre. Reconnaissez les individus ou les équipes pour leurs contributions et leurs réussites. Célébrer le succès favorise un environnement positif, renforce la valeur du logiciel et motive les autres à adopter le changement.

En mettant en œuvre ces stratégies, les organisations peuvent gérer efficacement le changement et surmonter les résistances lors du processus de mise en œuvre du logiciel. L'engagement des parties prenantes, la formation et l'assistance, la résolution des problèmes et la promotion d'une culture positive et de soutien contribuent à une adoption réussie par les utilisateurs et à la réalisation des avantages du logiciel.

Assurer une adoption réussie et la formation des utilisateurs

Un aspect essentiel de la mise en œuvre du logiciel consiste à garantir une adoption réussie et à fournir une formation efficace aux utilisateurs. Pour maximiser les avantages du logiciel et faciliter une transition en douceur, les organisations doivent se concentrer sur des stratégies qui favorisent l'acceptation, l'engagement et la compétence des utilisateurs. Dans cette section, nous explorons les pratiques clés pour assurer une adoption réussie et une formation efficace des utilisateurs pendant le processus de mise en œuvre du logiciel.

Développer un programme de formation complet

Créez un programme de formation bien structuré et complet qui répond aux besoins des différents groupes d'utilisateurs au sein de l'organisation. Tenez compte de divers styles et préférences d'apprentissage en proposant une combinaison de méthodes de formation telles que des sessions dirigées par un instructeur, des didacticiels en ligne, des modules d'auto-formation et des exercices pratiques. Le programme de formation doit couvrir à la fois les fonctionnalités de base et les fonctionnalités avancées, en veillant à ce que les utilisateurs disposent des compétences nécessaires pour utiliser efficacement le logiciel.

Adapter la formation aux rôles et responsabilités des utilisateurs

Personnalisez les sessions de formation pour les aligner sur les rôles et responsabilités spécifiques des différents groupes d'utilisateurs. Concentrez-vous sur les fonctionnalités et les flux de travail pertinents pour leurs fonctions. En offrant une formation ciblée, les utilisateurs peuvent comprendre comment le logiciel est lié à leur travail et voir sa valeur dans l'amélioration de leurs tâches et processus quotidiens.

Engager les utilisateurs finaux dans le processus de formation

Impliquez les utilisateurs finaux dans le processus de formation dès les premières étapes. Sollicitez leurs commentaires et leurs idées sur leurs besoins, leurs défis et leurs attentes en matière de formation. Engagez-les activement dans des discussions, des démonstrations et des exercices pratiques pendant les sessions de formation. Encourager la participation active crée un sentiment d'appartenance et renforce la confiance des utilisateurs.

Fournir des exercices pratiques et des scénarios réels

Assurez-vous que la formation comprend des exercices pratiques avec le logiciel. Proposez des scénarios et des simulations réels qui reflètent l'environnement de travail quotidien des utilisateurs. Cette approche pratique permet aux utilisateurs d'appliquer leurs connaissances nouvellement acquises, de gagner en confiance et de comprendre comment le logiciel prend en charge leurs tâches et processus spécifiques.

Favoriser une culture d'apprentissage continu

Promouvoir une culture d'apprentissage continu au-delà des sessions de formation initiales. Fournissez des ressources telles que des manuels d'utilisation, des guides d'aide en ligne et des bases de connaissances auxquelles les utilisateurs peuvent accéder chaque fois qu'ils ont besoin d'aide ou pour rafraîchir leurs connaissances. Encouragez les utilisateurs à partager des conseils, des astuces et des meilleures pratiques avec leurs pairs, en favorisant un environnement d'apprentissage collaboratif.

Offrir un soutien continu

Assurez-vous que les utilisateurs ont accès aux canaux d'assistance en cours. Établissez un service d'assistance ou une équipe d'assistance dédiés pour répondre aux questions et aux préoccupations des utilisateurs en temps opportun. Encouragez les utilisateurs à demander de l'aide chaque fois que nécessaire et fournissez des directives claires sur la façon d'accéder aux ressources d'assistance. Une assistance rapide et efficace renforce la confiance des utilisateurs et minimise la frustration.

Communiquer les avantages et l'impact

Communiquez en permanence les avantages du logiciel et mettez en évidence son impact sur les individus, les équipes et l'organisation dans son ensemble. Renforcez la façon dont le logiciel rationalise les processus, améliore l'efficacité et améliore les résultats. Partager des histoires de réussite et présenter des exemples de la manière dont le logiciel a résolu des problèmes spécifiques peut motiver les utilisateurs et renforcer leur engagement à adopter et à utiliser le logiciel efficacement.

Surveiller les progrès de l'utilisateur et fournir des commentaires

Surveillez régulièrement les progrès des utilisateurs et fournissez des commentaires constructifs. Offrir des conseils sur la façon de maximiser le potentiel du logiciel et d'optimiser leurs flux de travail. Effectuez des évaluations ou des enquêtes périodiques pour évaluer la satisfaction des utilisateurs, identifier les domaines à améliorer et recueillir des suggestions pour améliorer le programme de formation ou résoudre les obstacles restants à l'adoption.

Encourager le soutien par les pairs et le mentorat

Faciliter le soutien par les pairs et le mentorat parmi les utilisateurs. Encouragez les utilisateurs expérimentés à partager leurs connaissances et à fournir des conseils aux autres. Établissez des forums ou des forums de discussion où les utilisateurs peuvent poser des questions, partager leurs expériences et apprendre les uns des autres. Le soutien par les pairs favorise un sentiment d'appartenance à la communauté, réduit le recours aux canaux de soutien formels et encourage l'apprentissage continu.

Évaluer l'efficacité de la formation

Évaluer régulièrement l'efficacité du programme de formation et apporter les ajustements nécessaires en fonction des commentaires des utilisateurs et de l'évolution des besoins. Analysez des mesures telles que la compétence des utilisateurs, l'utilisation du système et la satisfaction des utilisateurs pour évaluer l'impact de la formation. Utilisez ces commentaires pour améliorer les futures initiatives de formation et assurer une amélioration continue.

En mettant en œuvre ces pratiques, les organisations peuvent promouvoir une adoption réussie du logiciel et donner aux utilisateurs les moyens de maîtriser son utilisation. Des programmes de formation efficaces, un support continu, l'engagement et la communication des avantages contribuent à la satisfaction des utilisateurs, à une productivité accrue et à la réalisation du plein potentiel du logiciel au sein de l'organisation.

CHAPITRE 4
Maximiser l'efficacité des logiciels d'entreprise

Dans le chapitre 4 de "L'art des logiciels d'entreprise : un guide complet pour réussir", nous nous penchons sur les stratégies et les meilleures pratiques pour maximiser l'efficacité des logiciels d'entreprise. Ce chapitre se concentre sur l'optimisation de l'utilisation du logiciel pour améliorer la productivité, rationaliser les processus et améliorer l'efficacité globale de l'organisation. En mettant en œuvre les techniques décrites dans ce chapitre, les entreprises peuvent libérer tout le potentiel de leurs investissements logiciels.

Le chapitre commence par souligner l'importance d'aligner le logiciel sur les objectifs et les flux de travail de l'organisation. Il met en évidence la nécessité d'une compréhension approfondie des capacités et des fonctionnalités du logiciel pour identifier les opportunités d'optimisation. En alignant le logiciel sur des objectifs commerciaux spécifiques, les organisations peuvent tirer parti de ses fonctionnalités pour atteindre une plus grande efficacité dans divers domaines d'activité.

Ensuite, le chapitre explore l'importance des options de personnalisation et de configuration dans le logiciel. Il fournit des informations sur la personnalisation du logiciel pour l'aligner sur les exigences et les processus métier uniques. En personnalisant le logiciel, les organisations peuvent optimiser les flux de travail, automatiser les tâches répétitives et améliorer l'efficacité globale. Il offre également des conseils pour trouver le juste équilibre entre la personnalisation et le maintien de l'intégrité du logiciel.

Le chapitre se penche ensuite sur les stratégies de gestion des données. Il souligne l'importance de données propres et précises pour une efficacité logicielle optimale. Il couvre des sujets tels que la gouvernance des données, le nettoyage des données et l'intégration des données pour garantir que le logiciel fonctionne avec des données fiables et cohérentes. Une gestion efficace des données améliore non seulement la précision des rapports et des analyses, mais permet également une prise de décision efficace et une performance globale améliorée.

En outre, le chapitre explore les capacités d'intégration du logiciel. Il met l'accent sur les avantages de l'intégration du logiciel avec d'autres systèmes et applications pertinents au sein de l'écosystème technologique de l'organisation. L'intégration transparente facilite l'échange de données, élimine la saisie manuelle des données et permet le partage d'informations en temps réel, ce qui améliore l'efficacité et la précision des données entre les différentes fonctions et départements.

Ce chapitre traite également de l'importance de l'optimisation et de l'automatisation des processus. Il explore des techniques telles que l'analyse des flux de travail, l'identification des goulots d'étranglement et la rationalisation des processus grâce à l'automatisation. En tirant parti des fonctionnalités d'automatisation du logiciel, les organisations peuvent éliminer les tâches manuelles, réduire les erreurs et accélérer l'exécution des processus, améliorant ainsi l'efficacité et la productivité globales.

De plus, le chapitre met en évidence la valeur de l'apprentissage continu et de la mise à jour des améliorations logicielles et des nouvelles fonctionnalités. Il met l'accent sur la nécessité d'une formation continue et d'initiatives de partage des connaissances pour s'assurer que les utilisateurs maîtrisent l'utilisation du plein potentiel du logiciel. En favorisant l'apprentissage continu, les organisations peuvent se tenir au courant des meilleures pratiques de l'industrie et tirer parti des dernières fonctionnalités logicielles pour optimiser l'efficacité.

Le chapitre se termine en insistant sur l'importance du suivi et de l'évaluation des performances du logiciel. Il traite des indicateurs de performance clés (KPI) et des mesures que les organisations peuvent utiliser pour évaluer l'efficacité et l'impact du logiciel. En surveillant et en évaluant régulièrement les performances, les organisations peuvent identifier les domaines à améliorer, prendre des décisions éclairées et optimiser davantage leur utilisation des logiciels.

En résumé, le chapitre 4 fournit aux lecteurs des stratégies pratiques et des meilleures pratiques pour maximiser l'efficacité des logiciels d'entreprise. En alignant le logiciel sur les objectifs organisationnels, en le personnalisant pour répondre à des exigences spécifiques, en gérant efficacement les données, en optimisant les processus, en adoptant l'automatisation, en promouvant l'apprentissage continu et en surveillant les performances, les organisations peuvent libérer tout le potentiel de leurs investissements logiciels et accroître l'efficacité et la productivité dans toute l'organisation.

Personnalisation et configuration du logiciel pour répondre aux besoins spécifiques de l'entreprise : comprendre les besoins de votre entreprise

Commencez par acquérir une compréhension approfondie des exigences commerciales spécifiques de votre organisation. Identifiez les points faibles, les défis et les opportunités d'amélioration au sein de vos workflows et processus. Engagez les principales parties prenantes pour recueillir des informations et des perspectives qui éclaireront le processus de personnalisation et de configuration.

Identifier les options de personnalisation

Explorez en profondeur les options de personnalisation disponibles dans le logiciel. Cela peut inclure des fonctionnalités, des modules, des modèles ou des paramètres qui peuvent être ajustés pour s'aligner sur les besoins de votre organisation. Identifiez les éléments du logiciel qui peuvent être personnalisés et déterminez dans quelle mesure ils peuvent être modifiés.

Prioriser les efforts de personnalisation

Priorisez les efforts de personnalisation en fonction de l'importance des exigences et de leur impact potentiel sur l'amélioration de l'efficacité et de la productivité. Concentrez-vous sur les domaines qui offrent la plus grande valeur ou sur lesquels la personnalisation peut rationaliser les processus critiques, améliorer la précision des données ou offrir un avantage concurrentiel. Cela aide à allouer efficacement les ressources et garantit que les efforts de personnalisation répondent aux besoins les plus cruciaux.

S'engager avec le fournisseur de logiciels ou l'équipe informatique

Collaborez avec le fournisseur de logiciels ou votre équipe informatique interne pour comprendre les capacités de personnalisation et rechercher leur expertise. Ils peuvent fournir des conseils sur la faisabilité des options de personnalisation, les meilleures pratiques et les implications potentielles. Travaillez en étroite collaboration avec eux pour vous assurer que la personnalisation s'aligne sur les capacités du logiciel et ne compromet pas sa stabilité ou ses futures mises à jour.

Tester et valider les personnalisations

Avant de déployer des modifications personnalisées dans un environnement réel, testez-les et validez-les minutieusement dans un environnement contrôlé. Effectuez des tests approfondis pour vous assurer que les éléments personnalisés fonctionnent comme prévu et n'introduisent pas de conséquences imprévues ou de conflits avec d'autres composants du système. Testez avec des scénarios d'utilisateurs représentatifs et recueillez des commentaires pour effectuer les ajustements nécessaires avant la mise en œuvre.

Documenter les décisions de personnalisation

Documentez toutes les décisions de personnalisation, y compris la justification, le processus et les modifications spécifiques apportées. Cette documentation sert de référence pour les futures mises à jour, la maintenance et le dépannage. Il assure la transparence et garantit que les connaissances concernant les personnalisations sont préservées au sein de l'organisation.

Révisez et adaptez régulièrement les personnalisations

Au fur et à mesure que votre organisation évolue et que les besoins de l'entreprise changent, révisez et adaptez régulièrement les personnalisations pour garantir leur pertinence et leur efficacité. Restez informé des mises à jour logicielles et des nouvelles fonctionnalités publiées par le fournisseur. Évaluez si les personnalisations existantes doivent être modifiées ou si de nouvelles opportunités de personnalisation se présentent pour mieux aligner le logiciel sur l'évolution des besoins de l'entreprise.

Trouver un équilibre

Bien que la personnalisation soit importante, il est essentiel de trouver un équilibre entre la personnalisation du logiciel et le maintien de son intégrité de base. Tenez compte des implications à long terme de la personnalisation sur la stabilité du logiciel, la compatibilité avec les futures mises à niveau et le support continu. Évitez les personnalisations excessives qui peuvent entraver la capacité d'évolution du logiciel ou créer des dépendances difficiles à gérer.

Promouvoir l'adoption et la formation des utilisateurs

Assurez-vous que les utilisateurs finaux reçoivent une formation et une assistance adéquates pour utiliser efficacement le logiciel personnalisé. Proposez des programmes de formation qui abordent spécifiquement les éléments personnalisés et mettent en évidence leurs avantages. Promouvoir la sensibilisation et communiquer la valeur des personnalisations pour favoriser l'acceptation et l'engagement des utilisateurs.

Évaluer l'impact

Évaluez régulièrement l'impact des personnalisations sur l'efficacité et la productivité. Utilisez des indicateurs de performance clés (KPI) et des métriques pour évaluer comment le logiciel personnalisé a amélioré les flux de travail, réduit les efforts manuels ou amélioré les résultats. Analysez les données pour identifier d'autres opportunités de personnalisation ou d'optimisation.

En suivant ces meilleures pratiques, les organisations peuvent personnaliser et configurer efficacement les logiciels pour répondre aux besoins spécifiques de l'entreprise. L'adaptation du logiciel aux exigences uniques améliore l'efficacité, rationalise les processus et permet aux organisations de tirer le maximum de valeur de leurs investissements logiciels.

Optimisation des flux de travail et des processus logiciels

L'optimisation des flux de travail et des processus logiciels est une étape cruciale pour maximiser l'efficacité et la productivité au sein d'une organisation. Le chapitre 4 de "L'art des logiciels d'entreprise : un guide complet pour réussir" se penche sur les stratégies et les meilleures pratiques pour optimiser les flux de travail et les processus afin de tirer pleinement parti du potentiel des logiciels d'entreprise. Dans cette section, nous explorons les approches clés pour optimiser les flux de travail et les processus logiciels.

Analyser les workflows existants

Commencez par analyser vos workflows et processus existants. Identifiez les goulots d'étranglement, les inefficacités et les domaines où les efforts manuels peuvent être réduits. Acquérir une compréhension approfondie de la façon dont les tâches et les informations circulent à travers les différentes étapes et départements. Cette analyse aide à identifier les domaines à améliorer et constitue la base de l'optimisation des flux de travail.

Identifier les opportunités d'automatisation

Identifiez les opportunités d'automatisation au sein de vos workflows. Recherchez les tâches répétitives ou chronophages qui peuvent être automatisées via le logiciel. L'automatisation des processus de routine réduit non seulement les efforts manuels, mais minimise également les erreurs et accélère l'exécution des tâches. Évaluez les capacités d'automatisation du logiciel et explorez comment elles peuvent être appliquées pour rationaliser les flux de travail.

Rationaliser et standardiser les processus

Rationalisez et standardisez les processus pour éliminer les étapes redondantes et assurer la cohérence dans toute l'organisation. Simplifiez les workflows complexes en supprimant les approbations, transferts ou documents inutiles. Établissez des directives claires et des procédures opérationnelles standard (SOP) pour garantir que les tâches sont exécutées de manière cohérente et efficace. Le logiciel peut être configuré pour faire respecter les processus standardisés.

Tirez parti des fonctionnalités de collaboration

Utilisez les fonctionnalités de collaboration du logiciel pour rationaliser la communication et la collaboration entre les membres de l'équipe. Encouragez la collaboration en temps réel, le partage de fichiers et la gestion de documents grâce à des outils de collaboration intégrés. Cela réduit les retards, améliore la prise de décision et facilite le partage transparent des informations, ce qui conduit à des flux de travail plus efficaces.

Personnalisez les flux de travail en fonction de votre organisation

Personnalisez les capacités de flux de travail du logiciel pour les aligner sur les exigences uniques de votre organisation. Adaptez les flux de travail prédéfinis à vos processus spécifiques ou créez des flux de travail personnalisés qui reflètent la méthode de travail préférée de votre organisation. Adapter le logiciel à votre organisation garantit qu'il prend en charge et améliore vos flux de travail, ce qui se traduit par une efficacité accrue.

Mettre en œuvre l'intégration des données

Intégrez des sources de données et des systèmes pour assurer un flux transparent d'informations entre différentes applications logicielles. Identifiez les domaines où l'intégration des données peut optimiser les flux de travail en réduisant la saisie manuelle des données ou en éliminant la saisie de données en double. L'intégration des données en temps réel garantit que les informations sont à jour et facilement disponibles pour les utilisateurs, permettant une prise de décision plus rapide et des processus rationalisés.

Surveiller et mesurer les performances

Établissez des indicateurs de performance clés (KPI) pour surveiller les performances de vos workflows optimisés. Suivez des métriques telles que le temps de cycle, les taux d'achèvement des tâches et l'utilisation des ressources. Analysez régulièrement les données et identifiez les domaines à optimiser davantage. Cette approche itérative vous permet d'affiner et d'améliorer en permanence vos flux de travail pour maximiser l'efficacité.

Fournir une formation et un soutien continus

Assurez-vous que les utilisateurs reçoivent une formation et une assistance continues pour utiliser efficacement les flux de travail optimisés. Offrir des programmes de formation qui familiarisent les utilisateurs avec les nouveaux processus et fournissent des conseils sur l'utilisation du logiciel à son plein potentiel. Fournissez une assistance continue via des centres d'assistance, des ressources en ligne et des plateformes de partage des connaissances. Sollicitez régulièrement les commentaires des utilisateurs pour identifier les défis ou les domaines à améliorer.

Adoptez l'amélioration continue

Adoptez un état d'esprit d'amélioration continue lorsqu'il s'agit d'optimiser les flux de travail et les processus. Encouragez les employés à suggérer des idées d'amélioration des processus et fournissez une plate-forme pour partager les meilleures pratiques. Examinez et évaluez régulièrement l'efficacité des flux de travail optimisés, identifiez les domaines à améliorer et mettez en œuvre des modifications itératives pour générer des gains d'efficacité continus.

Favoriser une culture de collaboration et d'innovation

Promouvoir une culture de collaboration et d'innovation au sein de votre organisation. Encouragez les équipes interfonctionnelles à travailler ensemble, à partager des idées et à collaborer sur des initiatives d'amélioration des processus. Reconnaissez et récompensez les employés qui contribuent à améliorer les flux de travail et à accroître l'efficacité. Cultiver une culture qui valorise l'amélioration continue permet aux employés de rechercher activement des opportunités pour optimiser les flux de travail et les processus logiciels.

En mettant en œuvre ces stratégies, les organisations peuvent optimiser leurs workflows et processus logiciels, ce qui se traduit par une efficacité accrue, des coûts réduits, une qualité améliorée et une productivité globale accrue. L'évaluation continue, la collaboration et l'accent mis sur l'innovation garantissent que les flux de travail évoluent et s'adaptent aux besoins changeants de l'organisation, ce qui se traduit par des améliorations durables de l'efficacité et des performances.

Intégration du logiciel aux systèmes existants

L'intégration de logiciels aux systèmes existants est un aspect essentiel de l'optimisation de l'efficacité et de la productivité au sein d'une organisation. Le chapitre 4 de « L'art des logiciels d'entreprise : un guide complet pour réussir » explore les stratégies et les meilleures pratiques pour intégrer les logiciels aux systèmes existants. Dans cette section, nous nous penchons sur les principales considérations et approches pour une intégration logicielle réussie.

Évaluer les systèmes et l'infrastructure existants

Commencez par évaluer les systèmes et l'infrastructure existants de votre organisation. Identifiez les différents systèmes, applications et bases de données actuellement utilisés. Comprendre comment ces systèmes fonctionnent et interagissent les uns avec les autres. Évaluez la compatibilité et les capacités d'intégration de ces systèmes avec le nouveau logiciel pour identifier les défis ou opportunités potentiels.

Définir les buts et les objectifs d'intégration

Définissez clairement vos buts et objectifs d'intégration. Déterminez ce que vous souhaitez atteindre grâce à l'intégration, comme la rationalisation de l'échange de données, l'élimination de la saisie manuelle des données ou la création d'une vue centralisée des informations. La définition d'objectifs clairs garantit que les efforts d'intégration s'alignent sur les priorités stratégiques et les résultats souhaités de votre organisation.

Sélectionnez la bonne approche d'intégration

Choisissez l'approche d'intégration la plus appropriée en fonction des besoins, des capacités et des systèmes intégrés de votre organisation. Les approches d'intégration courantes incluent les interfaces de programmation d'applications (API), les connecteurs de données, les plates-formes middleware et les solutions d'intégration personnalisées. Évaluez les avantages et les inconvénients de chaque approche et sélectionnez celle qui correspond le mieux à vos besoins d'intégration.

Engagez l'expertise de l'informatique et des fournisseurs de logiciels

Collaborez avec votre équipe informatique interne et le fournisseur de logiciels pour tirer parti de leur expertise et de leurs conseils tout au long du processus d'intégration. Engagez-vous dans une communication ouverte et établissez un partenariat pour assurer une intégration harmonieuse. Tirez parti de leur connaissance des capacités d'intégration du logiciel et demandez leur avis sur les meilleures pratiques, les défis potentiels et les stratégies d'atténuation.

Cartographier les données et les flux de processus

Cartographiez les flux de données et de processus entre les systèmes existants et le logiciel en cours d'intégration. Identifiez les éléments de données qui doivent être échangés, partagés ou synchronisés entre les systèmes. Comprenez comment différents processus au sein de votre organisation interagissent avec le logiciel intégré et définissez les flux de données et de processus optimaux.

Assurer l'intégrité et la cohérence des données

Portez une attention particulière à l'intégrité et à la cohérence des données pendant le processus d'intégration. Mettez en œuvre des mécanismes de validation et de nettoyage des données pour vous assurer que les données sont exactes, complètes et cohérentes sur tous les systèmes. Définissez les règles de mappage et de transformation des données pour vous assurer que les données sont correctement interprétées et utilisées par le logiciel intégré.

Planifier et exécuter les tests d'intégration

Élaborer un plan de test d'intégration complet pour valider la solution d'intégration. Testez divers scénarios et cas d'utilisation pour garantir un échange de données transparent, une fonctionnalité appropriée et la compatibilité du système. Effectuez à la fois des tests unitaires (tester des composants individuels) et des tests de bout en bout (tester le système intégré dans son ensemble) pour identifier et résoudre tout problème ou anomalie d'intégration.

Établir des mécanismes de surveillance et de traitement des erreurs

Mettre en œuvre des mécanismes de surveillance pour suivre les performances et la fiabilité des systèmes intégrés. Configurez des alertes et des notifications pour identifier de manière proactive les erreurs ou les échecs d'intégration. Établissez des processus de gestion des erreurs et définissez des voies d'escalade pour traiter et résoudre rapidement les problèmes liés à l'intégration.

Assurer la sécurité et la conformité

Donnez la priorité aux considérations de sécurité et de conformité lors de l'intégration. Mettre en œuvre des mesures de sécurité appropriées pour protéger les données pendant le transit et le stockage. Assurez-vous que les systèmes intégrés respectent les exigences réglementaires et les normes de l'industrie. Effectuez des audits et des évaluations de sécurité réguliers pour identifier et atténuer les vulnérabilités potentielles.

Fournir une formation et un soutien

Offrir de la formation et du soutien aux utilisateurs et aux intervenants impliqués dans les systèmes intégrés. Assurez-vous qu'ils comprennent le fonctionnement de l'intégration, comment accéder aux données intégrées et comment utiliser efficacement les fonctionnalités intégrées. Fournir des canaux d'assistance continus pour répondre à toute question ou problème lié à l'intégration qui pourrait survenir.

En suivant ces meilleures pratiques, les organisations peuvent intégrer avec succès les logiciels aux systèmes existants, permettant un échange de données transparent, rationalisant les processus et améliorant l'efficacité globale. L'intégration permet aux organisations de tirer parti des capacités de différents systèmes, de créer une vue unifiée des informations et d'éliminer les silos, ce qui améliore la prise de décision et l'efficacité opérationnelle.

Surveillance et mesure des performances du logiciel

La surveillance et la mesure des performances des logiciels sont essentielles pour garantir une fonctionnalité optimale, identifier les domaines à améliorer et maximiser l'efficacité. Le chapitre 4 de "The Art of Business Software : A Comprehensive Guide for Success" explore les stratégies et les meilleures pratiques pour surveiller et mesurer les performances des logiciels. Dans cette section, nous nous penchons sur les principales considérations et approches pour surveiller et mesurer efficacement les performances des logiciels.

Établir des indicateurs de performance clés (KPI)

Définissez des indicateurs de performance clés (KPI) pertinents qui correspondent aux buts et objectifs de votre organisation. Ces KPI peuvent inclure des mesures telles que le temps de réponse, la disponibilité du système, les taux d'erreur, les taux d'adoption par les utilisateurs ou le temps d'exécution des tâches. L'établissement d'indicateurs de performance clés fournit une référence pour évaluer les performances du logiciel et identifier les domaines qui nécessitent une attention particulière.

Utiliser les outils de surveillance des performances

Tirez parti des outils de surveillance des performances qui fournissent des informations en temps réel sur les performances du logiciel. Ces outils peuvent suivre les mesures clés, générer des rapports de performances et envoyer des alertes ou des notifications lorsque des problèmes ou des anomalies sont détectés. Sélectionnez des outils de surveillance compatibles avec votre logiciel et pouvant fournir une visibilité granulaire sur les performances du système.

Surveiller la disponibilité du système et le temps de réponse

Suivez la disponibilité et le temps de réponse du logiciel pour vous assurer qu'il respecte les accords de niveau de service (SLA) souhaités et les attentes des utilisateurs. Surveillez la disponibilité du système et les temps de réponse pour différentes tâches ou fonctions. Cela vous permet d'identifier les goulots d'étranglement des performances ou les domaines où des améliorations peuvent être apportées pour améliorer l'expérience utilisateur et l'efficacité globale.

Surveiller l'adoption et l'engagement des utilisateurs

Mesurez l'adoption et l'engagement des utilisateurs pour évaluer l'efficacité du logiciel. Surveillez les métriques telles que les connexions des utilisateurs, les utilisateurs actifs, l'utilisation des fonctionnalités ou les commentaires des utilisateurs. Cela permet d'identifier les domaines dans lesquels une formation ou une assistance supplémentaire peut être nécessaire pour améliorer l'adoption par les utilisateurs et maximiser la valeur du logiciel.

Effectuer des tests d'expérience utilisateur

Effectuez régulièrement des tests d'expérience utilisateur pour évaluer la convivialité du logiciel et la satisfaction des utilisateurs.

Recueillez les commentaires des utilisateurs finaux par le biais d'enquêtes, d'entretiens ou de sessions de test d'expérience utilisateur. Ces commentaires fournissent des informations sur la manière dont le logiciel peut être amélioré pour mieux répondre aux besoins des utilisateurs, rationaliser les processus et améliorer l'efficacité globale.

Analyser les données de performances

Analysez les données de performances collectées pour identifier les modèles, les tendances ou les anomalies. Recherchez les domaines où les performances peuvent être sous-optimales, telles que les temps de réponse lents, les erreurs fréquentes ou les flux de travail inefficaces. Utilisez des techniques d'analyse de données pour découvrir les causes profondes et prendre des décisions basées sur les données pour optimiser les performances du logiciel.

Effectuer des tests de charge et de stress

Effectuez des tests de charge et de stress pour évaluer les performances du logiciel en cas de charges de travail élevées ou de périodes d'utilisation de pointe. Simulez des scénarios qui représentent des conditions réelles pour évaluer l'évolutivité, la stabilité et les limites de performances du logiciel. Ces tests aident à identifier les goulots d'étranglement potentiels des performances et vous permettent d'optimiser les ressources et les configurations système en conséquence.

Examiner et mettre à jour régulièrement les objectifs de performance

Examinez et mettez à jour régulièrement les objectifs de performance en fonction de l'évolution des besoins de l'entreprise et des avancées technologiques. Évaluez périodiquement la pertinence des indicateurs de performance clés existants et envisagez d'intégrer de nouvelles mesures qui correspondent aux besoins ou tendances émergents. Cela garantit que la mesure du rendement s'aligne sur les objectifs organisationnels et permet une gestion efficace du rendement.

Optimiser et améliorer en continu les performances

Utilisez les informations recueillies lors de la surveillance des performances pour identifier les domaines à améliorer et à optimiser. Mettez en œuvre des améliorations, des mises à jour ou des configurations qui résolvent les goulots d'étranglement des performances ou s'alignent sur les meilleures pratiques du secteur. Optimisez en permanence le logiciel pour vous assurer qu'il fonctionne à son maximum de performances et soutient l'efficacité organisationnelle.

Favoriser une culture d'amélioration continue

Promouvoir une culture d'amélioration continue au sein de l'organisation. Encourager les parties prenantes à participer activement aux initiatives de suivi, d'analyse et d'amélioration des performances. Favorisez un environnement collaboratif où les commentaires sont valorisés et l'optimisation des performances est considérée comme une responsabilité partagée. Cette culture d'amélioration continue entraîne des améliorations continues des performances logicielles et de l'efficacité globale de l'organisation.

En suivant ces meilleures pratiques, les organisations peuvent surveiller et mesurer efficacement les performances des logiciels, ce qui leur permet d'identifier et de résoudre de manière proactive les problèmes de performances, d'optimiser les flux de travail et d'améliorer en permanence l'efficacité opérationnelle. La surveillance et l'analyse régulières des performances aident les organisations à rester alignées sur leurs objectifs, à offrir une expérience utilisateur positive et à maximiser la valeur tirée de leurs investissements logiciels.

Chapitre 5
Sécurité et protection des données

Le chapitre 5 de "The Art of Business Software : A Comprehensive Guide for Success" se concentre sur la sécurité et la protection des données. Dans le paysage numérique d'aujourd'hui, la protection des informations sensibles et la garantie de l'intégrité des données sont primordiales pour les organisations. Ce chapitre explore les stratégies et les meilleures pratiques pour maintenir des mesures de sécurité robustes et protéger les précieux actifs de données.

Le chapitre commence par souligner l'importance d'établir un cadre de sécurité complet. Il souligne la nécessité pour les organisations d'élaborer une politique de sécurité qui décrit les objectifs de sécurité, les rôles et les responsabilités, ainsi que les procédures de protection des données et des actifs logiciels. Un cadre de sécurité bien défini fournit une feuille de route pour mettre en œuvre des contrôles de sécurité efficaces et atténuer les risques.

Ensuite, le chapitre se penche sur les aspects critiques du contrôle d'accès et de la gestion des utilisateurs. Il explore les stratégies de gestion des privilèges d'accès des utilisateurs, la mise en œuvre de mécanismes d'authentification forts et l'application du principe du moindre privilège. En gérant correctement l'accès des utilisateurs, les organisations peuvent réduire le risque de violations de données non autorisées et garantir que les informations sensibles ne sont accessibles qu'aux personnes autorisées.

Le chapitre traite ensuite de l'importance du cryptage des données et des protocoles de cryptage. Il explique l'importance du chiffrement des données au repos et en transit pour les protéger contre tout accès non autorisé. Le chapitre explore différentes méthodes de cryptage, telles que le cryptage symétrique et asymétrique, et met en évidence le rôle des protocoles de cryptage dans la sécurisation des transmissions de données. La mise en œuvre de mesures de cryptage robustes aide à protéger la confidentialité et l'intégrité des données.

En outre, le chapitre explore l'importance des sauvegardes régulières des données et de la planification de la reprise après sinistre. Il met l'accent sur la nécessité pour les organisations d'établir des procédures de sauvegarde, de planifier des sauvegardes régulières et de tester les processus de restauration des données. En maintenant des sauvegardes à jour et en mettant en œuvre des stratégies de reprise après sinistre, les entreprises peuvent atténuer l'impact de la perte de données ou des défaillances du système et assurer la continuité des activités.

Le chapitre aborde également l'importance de la gestion des vulnérabilités et de la gestion des correctifs. Il souligne la nécessité pour les organisations de rester informées des vulnérabilités logicielles, d'appliquer rapidement les correctifs de sécurité et de procéder à des évaluations régulières des vulnérabilités. En gérant de manière proactive les vulnérabilités, les organisations peuvent réduire le risque de cyberattaques et maintenir un environnement logiciel sécurisé.

De plus, le chapitre traite de l'importance de la sensibilisation et de la formation des utilisateurs dans le maintien de la sécurité. Il met l'accent sur la nécessité d'éduquer les utilisateurs sur les meilleures pratiques de sécurité, telles que l'hygiène des mots de passe, la sensibilisation au phishing et la prévention de l'ingénierie sociale. En favorisant une culture de sensibilisation à la sécurité et en offrant une formation continue, les organisations peuvent donner aux utilisateurs les moyens de jouer un rôle actif dans la protection des données et des actifs logiciels.

Le chapitre se termine par une discussion sur la conformité aux réglementations et normes pertinentes. Il met l'accent sur la nécessité pour les organisations de comprendre et de se conformer aux réglementations applicables en matière de protection des données et de confidentialité, aux normes spécifiques à l'industrie et aux exigences légales. La conformité aide à protéger les données des clients, à maintenir la confiance et à atténuer le risque de conséquences juridiques et de réputation.

En résumé, le chapitre 5 offre aux lecteurs une compréhension complète de la sécurité et de la protection des données dans le contexte des logiciels d'entreprise. En établissant un cadre de sécurité robuste, en mettant en œuvre des contrôles d'accès, en chiffrant les données, en maintenant les sauvegardes, en gérant les vulnérabilités, en sensibilisant les utilisateurs et en garantissant la conformité, les organisations peuvent protéger de manière proactive leurs précieux actifs de données, atténuer les risques et maintenir un environnement logiciel sécurisé.

Importance de la cybersécurité dans les logiciels d'entreprise

Dans le paysage numérique actuel, la cybersécurité joue un rôle crucial dans la protection des organisations contre les cybermenaces et dans la garantie de l'intégrité, de la confidentialité et de la disponibilité de leurs données et de leurs actifs logiciels. Les logiciels d'entreprise, faisant partie intégrante des opérations organisationnelles, doivent être équipés de mesures de cybersécurité robustes. Cette section explore l'importance de la cybersécurité dans les logiciels d'entreprise et les raisons pour lesquelles les organisations devraient lui accorder la priorité.

Protection contre les violations de données

Les violations de données peuvent avoir de graves conséquences, notamment des pertes financières, des atteintes à la réputation et des sanctions légales et réglementaires. Les logiciels d'entreprise stockent et traitent souvent des informations sensibles, telles que les données des clients, la propriété intellectuelle et les dossiers financiers. Des mesures de cybersécurité robustes dans les logiciels d'entreprise aident à protéger ces informations, à réduire le risque de violation de données et à protéger à la fois l'organisation et ses parties prenantes.

Protection de la propriété intellectuelle

De nombreuses entreprises s'appuient sur la propriété intellectuelle en tant qu'actif principal, y compris les secrets commerciaux, les algorithmes propriétaires ou les stratégies commerciales confidentielles. Les mesures de cybersécurité des logiciels d'entreprise protègent ces précieux actifs contre l'accès non autorisé, le vol ou l'exploitation. En sécurisant le logiciel qui gère et stocke la propriété intellectuelle, les entreprises peuvent conserver leur avantage concurrentiel et protéger leurs innovations.

Atténuation des pertes financières

Les incidents de cybersécurité peuvent entraîner des pertes financières importantes pour les organisations. Les cyberattaques peuvent entraîner une fraude financière, des demandes de rançon ou des perturbations des opérations commerciales, entraînant une perte de revenus et une augmentation des coûts de réponse aux incidents et de récupération. De solides mesures de cybersécurité dans les logiciels d'entreprise aident à atténuer ces risques financiers en réduisant la probabilité et l'impact de cyberattaques réussies.

Préserver la confiance des clients

La confiance des clients est vitale pour le succès de toute organisation. Lorsque les clients confient leurs données à une entreprise, ils s'attendent à ce qu'elles soient traitées de manière sécurisée et responsable. Démontrer un engagement envers la cybersécurité en mettant en œuvre des mesures robustes dans les logiciels d'entreprise permet de préserver la confiance des clients. Il garantit aux clients que leurs informations sensibles sont protégées, favorisant des relations à long terme et maintenant une image de marque positive.

Assurer la conformité réglementaire

Les organisations sont soumises à diverses réglementations sur la protection des données et la confidentialité, telles que le Règlement général sur la protection des données (RGPD) ou le California Consumer Privacy Act (CCPA). Les logiciels d'entreprise doivent se conformer à ces réglementations pour éviter les conséquences juridiques et les atteintes à la réputation. En mettant en œuvre des mesures de cybersécurité, les organisations démontrent leur engagement envers la protection des données et remplissent leurs obligations de conformité.

Prévenir les perturbations des opérations

Les incidents de cybersécurité peuvent entraîner des perturbations dans les opérations commerciales, allant de l'indisponibilité du réseau à la perte de données critiques. Les logiciels d'entreprise sont souvent un composant essentiel des opérations quotidiennes, et toute atteinte à sa sécurité peut entraver la productivité et entraîner des retards opérationnels. Des mesures de cybersécurité robustes garantissent la continuité et le bon fonctionnement des logiciels d'entreprise, minimisant les perturbations et maintenant l'efficacité opérationnelle.

Protection contre les menaces avancées

Les cybermenaces évoluent en permanence, les attaques sophistiquées devenant de plus en plus répandues. Les logiciels d'entreprise doivent garder une longueur d'avance sur ces menaces en mettant en œuvre des mesures de cybersécurité avancées. Cela comprend des systèmes de détection et de prévention des intrusions, des renseignements sur les menaces en temps réel et une gestion proactive des vulnérabilités. En intégrant ces fonctionnalités de sécurité dans les logiciels d'entreprise, les entreprises peuvent se défendre efficacement contre les menaces avancées.

Préserver la réputation de la marque

Un incident de cybersécurité peut gravement nuire à la réputation de la marque d'une organisation. La publicité négative entourant une violation de données ou une cyberattaque peut éroder la confiance des clients et dissuader les clients potentiels de s'engager avec l'organisation. Donner la priorité à la cybersécurité dans les logiciels d'entreprise permet de préserver la réputation de la marque en démontrant un engagement à protéger les informations sensibles et à maintenir un environnement sécurisé pour les parties prenantes.

En résumé, la cybersécurité dans les logiciels d'entreprise est d'une importance capitale pour se protéger contre les violations de données, protéger la propriété intellectuelle, atténuer les pertes financières, préserver la confiance des clients, assurer la conformité réglementaire, prévenir les interruptions des opérations, se défendre contre les menaces avancées et préserver la réputation de la marque. En donnant la priorité aux mesures de cybersécurité dans leurs logiciels, les organisations peuvent créer une posture de sécurité solide et protéger leurs actifs critiques dans le monde de plus en plus numérique et interconnecté d'aujourd'hui.

Mise en œuvre des mesures de protection des données

La mise en œuvre de mesures de protection des données solides est essentielle pour protéger les informations sensibles et maintenir l'intégrité des données au sein d'une organisation. Le chapitre 5 de « The Art of Business Software : A Comprehensive Guide for Success » se concentre sur la protection et la sécurité des données. Dans cette section, nous explorons les considérations clés et les meilleures pratiques pour mettre en œuvre des mesures efficaces de protection des données.

Classement des données

Commencez par classer vos données en fonction de leur sensibilité et de leur importance. Catégorisez les données en différents niveaux de sensibilité, tels que public, interne, confidentiel et très sensible. Cette classification permet de déterminer le niveau de protection approprié requis pour chaque catégorie et guide la mise en œuvre des mesures de protection des données.

Contrôle d'accès et autorisations utilisateur

Mettez en place des mécanismes de contrôle d'accès solides pour limiter l'accès aux données sensibles. Appliquez le principe du moindre privilège, en accordant des droits d'accès en fonction des rôles et des responsabilités du poste. Examinez et mettez à jour régulièrement les autorisations des utilisateurs pour vous assurer que l'accès est accordé en fonction des besoins. Implémentez une authentification multifacteur pour une couche de sécurité supplémentaire lors de l'accès aux données sensibles.

Chiffrement

Utilisez des techniques de chiffrement pour protéger les données au repos et en transit. Chiffrez les données sensibles à l'aide d'algorithmes de chiffrement puissants et assurez-vous que les clés de chiffrement sont gérées en toute sécurité. Cela inclut le chiffrement des données stockées dans des bases de données, des systèmes de fichiers et des sauvegardes, ainsi que des données transmises sur des réseaux ou stockées sur des appareils portables. Le chiffrement offre une couche de protection supplémentaire, même en cas d'accès non autorisé.

Prévention de la perte de données

Mettez en œuvre des mesures de prévention des pertes de données (DLP) pour éviter les fuites de données accidentelles ou intentionnelles. Utilisez des logiciels ou des solutions DLP capables de détecter et d'empêcher le transfert, le stockage ou le partage non autorisés de données sensibles. Configurez des règles DLP pour surveiller et bloquer les données sensibles en fonction de politiques prédéfinies, en aidant à prévenir les violations de données et à maintenir la confidentialité des données.

Sauvegardes régulières des données

Établissez une stratégie de sauvegarde des données robuste pour garantir la disponibilité et la résilience des données. Sauvegardez régulièrement les données critiques à l'aide de solutions de sauvegarde fiables. Envisagez une combinaison de sauvegardes sur site et hors site pour vous protéger contre les dommages physiques ou les catastrophes. Testez périodiquement les procédures de restauration des données pour vérifier l'intégrité et l'accessibilité des données de sauvegarde.

Stockage sécurisé des données

Mettez en œuvre des pratiques de stockage de données sécurisées pour protéger les données contre les accès non autorisés ou le vol. Utilisez des solutions de stockage sécurisées, telles que des bases de données chiffrées ou des systèmes de fichiers, pour stocker des informations sensibles. Corrigez et mettez à jour régulièrement les systèmes de stockage pour résoudre les vulnérabilités de sécurité. Mettez en place des contrôles d'accès et des mécanismes de surveillance solides pour vous assurer que seules les personnes autorisées peuvent accéder aux données stockées et les modifier.

Conservation et destruction des données

Établissez des politiques de conservation des données pour déterminer la durée appropriée de stockage des données. Examinez et éliminez régulièrement les données qui ne sont plus nécessaires ou requises par les obligations légales ou réglementaires. Utilisez des méthodes sécurisées de destruction des données lors de la mise au rebut des supports de stockage pour empêcher la récupération des données. En mettant en œuvre des pratiques appropriées de conservation et d'élimination des données, les organisations peuvent minimiser le risque d'exposition des données.

Sensibilisation et formation à la sécurité

Promouvoir la sensibilisation à la sécurité parmi les employés grâce à des programmes de formation complets. Sensibilisez les employés aux meilleures pratiques en matière de protection des données, telles que l'hygiène des mots de passe, la prévention du phishing et la gestion sécurisée des données. Renforcez l'importance de la protection des données et créez une culture de sensibilisation à la sécurité au sein de l'organisation. Communiquez régulièrement les mises à jour de sécurité et les menaces émergentes pour tenir les employés informés et vigilants.

Réponse aux incidents et signalement

Établissez un plan de réponse aux incidents pour gérer efficacement les violations de données ou les incidents de sécurité. Définir les rôles, les responsabilités et les procédures d'escalade pour assurer une réponse coordonnée. Mettre en œuvre des mécanismes pour détecter, signaler et répondre rapidement aux incidents de sécurité. Effectuez régulièrement des exercices et des simulations de réponse aux incidents pour tester l'efficacité du plan et identifier les domaines à améliorer.

Audits et évaluations de sécurité réguliers

Mener des audits et des évaluations de sécurité réguliers pour évaluer l'efficacité des mesures de protection des données. Effectuez des évaluations de vulnérabilité, des tests de pénétration et des audits de sécurité pour identifier et résoudre les faiblesses potentielles. Restez informé de l'évolution des menaces de sécurité et appliquez rapidement les correctifs et les mises à jour de sécurité. Des audits et des évaluations réguliers permettent de garantir que les mesures de protection des données restent solides et efficaces.

En mettant en œuvre ces mesures de protection des données, les organisations peuvent renforcer leur posture de sécurité et protéger les informations sensibles. Une protection efficace des données protège non seulement l'organisation contre les violations de données et les violations de conformité, mais renforce également la confiance des clients dans l'engagement de l'organisation en matière de sécurité des données.

Gestion de l'accès et des autorisations des utilisateurs

Gérer correctement l'accès et les autorisations des utilisateurs est un aspect essentiel du maintien de la sécurité des données et de la protection des informations sensibles au sein d'une organisation. Le chapitre 5 de « The Art of Business Software : A Comprehensive Guide for Success » traite de l'importance de gérer l'accès et les autorisations des utilisateurs. Dans cette section, nous explorons les considérations clés et les meilleures pratiques pour gérer efficacement l'accès des utilisateurs.

Contrôle d'accès basé sur les rôles (RBAC)

Implémentez un modèle de contrôle d'accès basé sur les rôles (RBAC) pour gérer l'accès et les autorisations des utilisateurs. Le RBAC attribue des autorisations aux utilisateurs en fonction de rôles et de responsabilités prédéfinis au sein de l'organisation. Définissez des rôles qui reflètent les fonctions du poste et les besoins d'accès, et attribuez les autorisations appropriées à chaque rôle. Cette approche garantit que les utilisateurs n'ont accès qu'aux données et fonctionnalités nécessaires à leurs rôles, réduisant ainsi le risque d'accès non autorisé.

Principe du moindre privilège (PoLP)

Respectez le principe du moindre privilège (PoLP) lors de l'octroi d'autorisations aux utilisateurs. Accordez aux utilisateurs le niveau d'accès minimum requis pour exécuter efficacement leurs fonctions professionnelles. Évitez de donner des autorisations excessives qui vont au-delà de ce qui est nécessaire pour leurs rôles. Examinez et mettez à jour régulièrement les autorisations des utilisateurs à mesure que les responsabilités professionnelles changent pour vous assurer que les autorisations sont conformes au principe du moindre privilège.

Provisionnement et déprovisionnement des utilisateurs

Établissez des processus clairs pour le provisionnement et le déprovisionnement des utilisateurs. Lors de l'intégration de nouveaux employés ou de l'octroi de l'accès à de nouveaux utilisateurs, suivez un processus standardisé pour attribuer les rôles et autorisations appropriés. De même, lorsqu'un employé quitte l'organisation ou change de rôle, supprimez ou ajustez rapidement ses autorisations. Le provisionnement et le déprovisionnement efficaces des utilisateurs minimisent le risque d'accès non autorisé en garantissant que les autorisations sont accordées et révoquées en temps opportun.

Authentification à deux facteurs (2FA)

Implémentez l'authentification à deux facteurs (2FA) pour améliorer l'authentification des utilisateurs et la sécurité d'accès. 2FA oblige les utilisateurs à fournir un facteur d'authentification supplémentaire, tel qu'un code temporaire envoyé à leur appareil mobile, en plus de leur nom d'utilisateur et de leur mot de passe. Cela ajoute une couche supplémentaire de protection contre les accès non autorisés, même si les identifiants de connexion sont compromis.

Examens d'accès réguliers

Effectuez des examens d'accès réguliers pour vous assurer que les autorisations des utilisateurs restent appropriées et à jour. Examinez périodiquement les droits d'accès et les autorisations des utilisateurs, en les comparant aux rôles et responsabilités du poste. Identifiez les écarts ou les autorisations inutiles et apportez rapidement des ajustements. Des examens d'accès réguliers aident à maintenir l'intégrité du contrôle d'accès et à minimiser le risque d'accès non autorisé.

Séparation des tâches

Mettre en œuvre la séparation des tâches (SoD) pour prévenir les conflits d'intérêts et réduire le risque de fraude. Séparez les tâches de manière à ce que plusieurs personnes exécutent des tâches ou des processus critiques. Cela garantit qu'aucun utilisateur unique n'a le contrôle complet ou l'accès aux fonctions ou données sensibles. SoD aide à atténuer le risque d'activités malveillantes ou d'erreurs involontaires pouvant résulter de privilèges d'accès excessifs.

Journalisation et surveillance des accès

Mettez en place des mécanismes de journalisation et de surveillance pour suivre les activités des utilisateurs et détecter toute tentative d'accès suspecte ou non autorisée. Tenez à jour les journaux d'accès des utilisateurs, les tentatives de connexion et les activités critiques du système. Surveillez régulièrement ces journaux pour identifier tout modèle anormal ou incident de sécurité potentiel. Enquêtez rapidement et prenez les mesures appropriées si un accès non autorisé est détecté.

Sensibilisation et formation des utilisateurs

Informez les utilisateurs de leur rôle dans le maintien de la sécurité des données et de l'importance d'une gestion responsable des accès. Fournissez une formation sur les meilleures pratiques en matière de sécurité des mots de passe, de reconnaissance des tentatives de phishing et de respect des politiques de protection des données. Promouvoir une culture de sensibilisation à la sécurité parmi les utilisateurs, en veillant à ce qu'ils comprennent leurs responsabilités dans la protection des informations sensibles.

Mettre en œuvre des contrôles d'accès dans le logiciel

Utilisez les fonctionnalités de contrôle d'accès fournies par le logiciel d'entreprise lui-même. Tirez parti des fonctionnalités intégrées pour appliquer les autorisations des utilisateurs, configurer l'accès basé sur les rôles et contrôler la visibilité des données dans le logiciel. Assurez-vous que les contrôles d'accès sont conformes aux politiques et aux exigences de sécurité de votre organisation.

Audits et évaluations de sécurité réguliers

Effectuez des audits et des évaluations de sécurité réguliers pour évaluer l'efficacité de l'accès et des autorisations des utilisateurs. Effectuez des examens périodiques des autorisations des utilisateurs, des journaux d'accès et des processus de provisionnement des utilisateurs. Identifiez et corrigez les lacunes ou les vulnérabilités du contrôle d'accès. Des audits et des évaluations réguliers permettent de garantir que l'accès et les autorisations des utilisateurs sont conformes aux politiques de sécurité de l'organisation et restent sécurisés au fil du temps.

En mettant en œuvre ces meilleures pratiques pour gérer l'accès et les autorisations des utilisateurs, les organisations peuvent maintenir une sécurité renforcée des données, réduire le risque d'accès non autorisé et protéger les informations sensibles contre les violations potentielles ou la divulgation non autorisée. Une gestion des accès efficace garantit que les utilisateurs disposent d'un accès approprié aux données et aux fonctionnalités tout en préservant la confidentialité, l'intégrité et la disponibilité des ressources organisationnelles.

Garantir la conformité aux réglementations sur la confidentialité

Le respect des réglementations en matière de confidentialité est essentiel pour que les organisations protègent les droits individuels à la vie privée, maintiennent la confiance et atténuent le risque de conséquences juridiques et de réputation. Le chapitre 5 de « The Art of Business Software : A Comprehensive Guide for Success » souligne l'importance d'assurer le respect des réglementations en matière de confidentialité. Dans cette section, nous explorons les principales considérations et les meilleures pratiques pour assurer la conformité aux réglementations en matière de confidentialité.

Comprendre les réglementations applicables en matière de confidentialité

Effectuez des recherches approfondies et comprenez les réglementations en matière de confidentialité qui s'appliquent aux opérations de votre organisation et aux données qu'elle traite. Les réglementations courantes incluent le Règlement général sur la protection des données (RGPD), le California Consumer Privacy Act (CCPA) et le Health Insurance Portability and Accountability Act (HIPAA). Familiarisez-vous avec les exigences, obligations et principes spécifiques énoncés dans ces règlements.

Mener des évaluations d'impact sur la vie privée

Effectuez des évaluations d'impact sur la vie privée (PIA) pour identifier et évaluer les risques potentiels de confidentialité associés à vos processus métier, vos applications logicielles et vos pratiques de traitement des données. Évaluez comment les données personnelles sont collectées, stockées, traitées et partagées au sein de votre organisation. Identifiez les vulnérabilités ou les lacunes en matière de confidentialité qui peuvent exister et élaborez des stratégies pour y remédier efficacement.

Mettre en œuvre des politiques et des procédures de protection des données

Élaborer et mettre en œuvre des politiques et des procédures complètes de protection des données qui s'alignent sur les exigences des réglementations en matière de confidentialité. Ces politiques doivent décrire la manière dont les données personnelles sont traitées, y compris les pratiques de collecte, de stockage, de conservation, de traitement et de partage des données. Assurez-vous que les employés connaissent et sont formés à ces politiques afin de promouvoir un respect constant des directives de confidentialité.

Obtenir un consentement approprié

Obtenir le consentement approprié des personnes lors de la collecte et du traitement de leurs données personnelles. Assurez-vous que le consentement obtenu est libre, spécifique, éclairé et sans ambiguïté. Communiquer clairement les finalités pour lesquelles les données seront utilisées et les tiers avec lesquels elles pourraient être partagées. Offrir aux personnes la possibilité de retirer leur consentement et expliquer les implications d'une telle décision.

Mettre en œuvre des pratiques de minimisation et de conservation des données

Adoptez les principes de minimisation des données en collectant et en conservant uniquement les données personnelles nécessaires à la réalisation d'objectifs spécifiques. Examinez et mettez à jour régulièrement les pratiques de conservation des données pour garantir la conformité aux réglementations en matière de confidentialité. Établissez des directives claires pour les périodes de conservation, la suppression ou l'anonymisation des données afin de limiter le stockage des données personnelles au-delà de ce qui est nécessaire.

Sécuriser les données personnelles

Mettre en œuvre des mesures de sécurité appropriées pour protéger les données personnelles contre tout accès, divulgation, altération ou destruction non autorisés. Utilisez le cryptage, les contrôles d'accès, les pare-feu et d'autres technologies de sécurité pour protéger les données personnelles. Évaluez régulièrement l'efficacité des mesures de sécurité par le biais d'audits et de tests d'intrusion, et corrigez rapidement toute vulnérabilité ou faiblesse identifiée.

Fournir les droits de la personne concernée

Faciliter l'exercice des droits des personnes concernées conformément aux réglementations en matière de confidentialité. Établir des procédures permettant aux individus d'accéder, de rectifier, de restreindre le traitement et de supprimer leurs données personnelles. Répondre rapidement aux demandes des personnes concernées et s'assurer que les mécanismes nécessaires sont en place pour répondre à ces demandes dans les délais spécifiés.

Établir des procédures de réponse aux violations de données

Élaborez des procédures claires et complètes pour réagir et signaler les violations de données. Établissez des équipes d'intervention en cas d'incident, définissez les rôles et les responsabilités et documentez les étapes à suivre en cas de violation de données. Assurez-vous que les notifications de violation de données sont envoyées aux personnes concernées, aux autorités réglementaires et aux autres parties concernées, comme l'exigent les réglementations en matière de confidentialité.

Former et éduquer régulièrement les employés

Éduquer les employés sur l'importance des réglementations en matière de confidentialité, leurs rôles et responsabilités pour assurer la conformité et les implications de la non-conformité. Fournir des programmes réguliers de formation et de sensibilisation qui couvrent la protection des données, les principes de confidentialité et les meilleures pratiques pour le traitement des données personnelles. Favoriser une culture de sensibilisation à la protection de la vie privée dans toute l'organisation.

Effectuer des audits et des évaluations de confidentialité

Effectuez périodiquement des audits et des évaluations de confidentialité pour évaluer la conformité aux réglementations en matière de confidentialité. Évaluer l'efficacité des mesures, politiques et procédures de protection des données. Identifiez les domaines de non-conformité ou les risques potentiels pour la confidentialité et prenez les mesures correctives appropriées.

En garantissant avec diligence la conformité aux réglementations en matière de confidentialité, les organisations peuvent protéger les droits individuels à la vie privée, maintenir la confiance des clients et démontrer leur engagement envers une gestion responsable des données. Le respect des réglementations en matière de confidentialité aide non seulement les organisations à éviter les risques juridiques et de réputation, mais favorise également la transparence, la responsabilité et les pratiques commerciales éthiques à l'ère numérique.

Chapitre 6
Maintenance et mise à jour du logiciel métier

Le chapitre 6 de « L'art des logiciels d'entreprise : un guide complet pour réussir » se concentre sur les aspects critiques de la maintenance et de la mise à niveau des logiciels d'entreprise. Dans ce chapitre, nous explorons l'importance de la maintenance logicielle, les avantages des mises à jour et mises à niveau régulières et les meilleures pratiques pour gérer efficacement la maintenance et les mises à niveau logicielles.

Le chapitre commence par souligner l'importance de la maintenance logicielle. La maintenance logicielle implique des activités telles que des corrections de bogues, des optimisations de performances, des correctifs de sécurité et des mises à jour de compatibilité. Une maintenance régulière garantit que le logiciel reste stable, sécurisé et fiable dans le temps. Il aide à résoudre les problèmes logiciels, à améliorer les fonctionnalités et à améliorer l'expérience utilisateur.

Ensuite, le chapitre traite des avantages de maintenir le logiciel à jour grâce à des mises à jour et des mises à niveau régulières. Les mises à jour impliquent généralement des améliorations incrémentielles, des corrections de bogues et des améliorations de fonctionnalités mineures, tandis que les mises à niveau introduisent des modifications importantes, de nouvelles fonctionnalités ou des améliorations architecturales. Rester à jour avec les mises à jour et les mises à niveau logicielles offre des avantages tels qu'une sécurité améliorée, des fonctionnalités améliorées, une efficacité accrue et un accès aux dernières technologies.

Le chapitre explore ensuite les meilleures pratiques pour gérer efficacement la maintenance et les mises à niveau des logiciels. Il souligne l'importance d'établir un processus de maintenance structuré qui comprend une surveillance régulière, le suivi des problèmes et la hiérarchisation des tâches de maintenance. La mise en œuvre de pratiques de gestion des modifications permet de s'assurer que les mises à jour et les mises à niveau sont planifiées, testées et déployées efficacement, minimisant ainsi les perturbations des opérations commerciales.

En outre, le chapitre souligne l'importance d'une stratégie de test complète. Testez minutieusement les mises à jour et mises à niveau logicielles dans un environnement contrôlé pour identifier tout problème de compatibilité, régression fonctionnelle ou impact sur les performances. Cela comprend les tests unitaires, les tests d'intégration et les tests d'acceptation des utilisateurs pour valider la stabilité et la compatibilité du logiciel avec les systèmes et flux de travail existants.

Le chapitre souligne également l'importance de maintenir la documentation tout au long du cycle de vie du logiciel. La documentation doit inclure des notes de version, des guides d'utilisation et des informations sur le contrôle de version. Il facilite une communication efficace avec les parties prenantes, fournit des conseils sur les nouvelles fonctionnalités et les modifications, et garantit que les utilisateurs disposent des informations nécessaires pour s'adapter aux mises à jour et aux mises à niveau de manière transparente.

De plus, ce chapitre met l'accent sur l'importance de la formation et de l'assistance aux utilisateurs. Communiquez les modifications logicielles et les nouvelles fonctionnalités aux utilisateurs via des programmes de formation, des sessions de partage des connaissances ou des ressources en ligne. Fournir des canaux d'assistance adéquats, tels que des centres d'assistance ou des communautés d'utilisateurs, pour répondre aux requêtes des utilisateurs et aux problèmes liés aux mises à jour ou aux mises à niveau logicielles. Cela favorise l'adoption par les utilisateurs, minimise la résistance au changement et maximise la valeur dérivée des améliorations logicielles.

Le chapitre conclut en soulignant la nécessité d'un suivi et d'une évaluation continus. Évaluez régulièrement l'efficacité des mises à jour et des mises à niveau logicielles en surveillant les performances, les commentaires des utilisateurs et les indicateurs de performance clés (KPI). Recueillez des informations auprès des utilisateurs, analysez les modèles d'utilisation des logiciels et identifiez les opportunités d'optimisation ou d'améliorations supplémentaires.

En résumé, le chapitre 6 souligne l'importance de la maintenance et de la mise à niveau des logiciels d'entreprise. En gérant efficacement la maintenance des logiciels, en se tenant au courant des mises à jour et des mises à niveau, en mettant en œuvre des tests rigoureux, en fournissant une documentation et une assistance aux utilisateurs et en évaluant en permanence les performances des logiciels, les organisations peuvent s'assurer que leurs logiciels restent robustes, sécurisés et alignés sur l'évolution des besoins de l'entreprise.

Établir un plan de maintenance logicielle

Un plan de maintenance logicielle bien défini est essentiel pour que les organisations gèrent efficacement et garantissent la stabilité, les performances et la fiabilité à long terme de leurs logiciels d'entreprise. Cette section met en évidence les considérations clés et les meilleures pratiques pour établir un plan de maintenance logicielle complet.

Identifier les objectifs de maintenance

Commencez par identifier les objectifs de votre plan de maintenance logicielle. Tenez compte de facteurs tels que la correction de bogues, les mises à jour de sécurité, les optimisations de performances, les améliorations de compatibilité et les améliorations de fonctionnalités. Définir clairement les objectifs et les priorités des activités de maintenance pour les aligner sur les objectifs organisationnels et les besoins des utilisateurs.

Définir les processus et procédures de maintenance

Développer des processus et des procédures structurés pour gérer la maintenance des logiciels. Décrire les étapes impliquées dans l'identification, la hiérarchisation et la résolution des tâches de maintenance. Établir des mécanismes de suivi, de signalement et de résolution des problèmes. Définissez les rôles et les responsabilités au sein du processus de maintenance pour garantir une appropriation et une responsabilité claires.

Établir des critères de priorisation de la maintenance

Établissez des critères de hiérarchisation des tâches de maintenance en fonction de facteurs tels que la gravité, l'impact sur les opérations commerciales et les commentaires des utilisateurs. Classez les tâches de maintenance en différents niveaux de priorité pour guider l'allocation des ressources et garantir que les problèmes critiques sont résolus rapidement. Ce cadre de hiérarchisation permet d'optimiser les efforts de maintenance et de concentrer les ressources sur les tâches les plus impactantes.

Mettre en œuvre des pratiques de gestion du changement

Adoptez des pratiques de gestion des changements pour vous assurer que les mises à jour logicielles et les activités de maintenance sont correctement planifiées, testées et déployées. Établissez un processus de gestion des modifications qui comprend les demandes de modification, les évaluations d'impact, les approbations de modification et les plans de restauration. Adhérer aux pratiques de gestion du changement minimise les risques et les perturbations des opérations commerciales pendant les activités de maintenance.

Établir des procédures de test et d'assurance qualité

Incluez des procédures de test et d'assurance qualité approfondies dans le cadre de votre plan de maintenance logicielle. Développer une stratégie de test complète qui couvre les tests fonctionnels, les tests de régression et les tests de performance. Testez les mises à jour et les correctifs logiciels dans un environnement contrôlé pour garantir la compatibilité, la stabilité et la qualité. Mettre en œuvre des outils et des cadres de test automatisés pour rationaliser le processus de test.

Mettre en œuvre le contrôle de version et la documentation

Utilisez des systèmes de contrôle de version pour gérer les versions de logiciels et suivre les modifications. Conservez une documentation claire des versions logicielles, des notes de version et des problèmes connus. Documentez l'objectif et l'impact de chaque mise à jour logicielle ou tâche de maintenance. Cette documentation aide les parties prenantes à comprendre les changements et permet une communication efficace pendant le processus de maintenance.

Fournir un support utilisateur et une communication

Établir des canaux pour le support utilisateur et la communication concernant la maintenance logicielle. Communiquez les calendriers de maintenance, les mises à jour et les problèmes connus aux utilisateurs en temps opportun. Fournissez des instructions et une documentation claires sur la façon dont les utilisateurs peuvent signaler des problèmes ou demander de l'aide. Maintenir des lignes de communication ouvertes avec les utilisateurs pour répondre à leurs préoccupations, fournir une formation et recueillir des commentaires sur les performances du logiciel.

Mettre en place des mécanismes de suivi et d'évaluation

Mettre en œuvre des mécanismes de suivi et d'évaluation pour évaluer l'efficacité des activités de maintenance. Définissez des indicateurs de performance clés (KPI) et des métriques pour mesurer les performances du logiciel, la satisfaction des utilisateurs et l'impact des efforts de maintenance. Examinez régulièrement ces métriques, recueillez les commentaires des utilisateurs et effectuez des évaluations post-maintenance pour identifier les domaines à améliorer et à optimiser.

Planifier les améliorations futures

Envisagez les futures améliorations et mises à jour des fonctionnalités dans le cadre du plan de maintenance logicielle. Interagissez avec les parties prenantes, recueillez les commentaires des utilisateurs et alignez les efforts de maintenance sur l'évolution des besoins de l'entreprise. Évaluez en permanence les tendances du marché, les avancées technologiques et les attentes des utilisateurs pour identifier les opportunités d'ajout de valeur et d'amélioration des capacités du logiciel au fil du temps.

Améliorer en continu le processus de maintenance

Évaluer régulièrement l'efficacité du plan de maintenance logicielle et rechercher des opportunités d'amélioration. Recueillez les commentaires des parties prenantes, y compris les utilisateurs, les équipes de développement et le personnel informatique, pour identifier les points faibles et les domaines à optimiser. Incorporer les enseignements tirés des activités de maintenance passées dans le plan pour améliorer les futurs processus et résultats de maintenance.

En mettant en œuvre ces meilleures pratiques et en établissant un plan de maintenance logicielle complet, les organisations peuvent s'assurer que leurs logiciels d'entreprise restent fiables, sécurisés et alignés sur l'évolution des besoins. Des pratiques de maintenance efficaces minimisent les temps d'arrêt, améliorent la satisfaction des utilisateurs et contribuent au succès à long terme de l'application logicielle.

Effectuer des mises à jour et des correctifs réguliers

Des mises à jour et des correctifs réguliers sont essentiels pour maintenir la sécurité, la stabilité et les performances des logiciels d'entreprise. Cette section souligne l'importance d'effectuer des mises à jour et des correctifs réguliers et met en évidence les meilleures pratiques pour gérer efficacement ces processus.

Importance des mises à jour régulières et des correctifs

Des mises à jour et des correctifs réguliers sont essentiels pour traiter les vulnérabilités, les bogues et les risques de sécurité identifiés dans le logiciel. Ces mises à jour peuvent inclure des corrections de bogues, des améliorations de performances, des améliorations de compatibilité et de nouvelles fonctionnalités. En gardant le logiciel à jour, les entreprises peuvent se protéger contre les menaces émergentes, assurer la compatibilité avec les technologies en évolution et optimiser l'expérience utilisateur.

Établir un processus de gestion des mises à jour et des correctifs

Établissez un processus systématique de gestion des mises à jour et des correctifs. Définissez les rôles et les responsabilités des personnes impliquées dans la gestion des mises à jour et des correctifs, y compris les équipes de développement, le personnel informatique et les parties prenantes. Élaborez des directives et des procédures pour vous assurer que les mises à jour sont déployées de manière contrôlée et minimiser les perturbations des opérations commerciales.

Restez informé des mises à jour et des correctifs

Restez informé de la disponibilité des mises à jour et des correctifs pour les logiciels d'entreprise. Surveillez les canaux de logiciels officiels, les sites Web des fournisseurs, les bulletins de sécurité et les listes de diffusion pour recevoir des notifications sur les nouvelles versions. Abonnez-vous aux publications pertinentes de l'industrie et aux sources d'information sur la sécurité pour rester informé des vulnérabilités émergentes et des correctifs de sécurité.

Prioriser les mises à jour et les correctifs

Hiérarchisez les mises à jour et les correctifs en fonction de leur criticité et de leur impact sur les fonctionnalités et la sécurité du logiciel. Évaluez la gravité des vulnérabilités ou des bogues corrigés par chaque mise à jour et correctif. Tenez compte de facteurs tels que le potentiel de violation de données, l'instabilité du système ou les risques de conformité. Concentrez-vous d'abord sur les mises à jour hautement prioritaires pour résoudre rapidement les vulnérabilités de sécurité critiques.

Tester les mises à jour et les correctifs

Avant de déployer des mises à jour et des correctifs dans des environnements de production, testez-les minutieusement dans un environnement de test contrôlé. Cela comprend des tests fonctionnels, des tests de régression et des tests de performances pour s'assurer que les mises à jour n'introduisent pas de nouveaux problèmes ou n'affectent pas les performances du logiciel. Élaborez un plan de test complet et utilisez des outils de test automatisés pour rationaliser le processus de test.

Planifier et programmer les mises à jour et les correctifs

Élaborez un plan et un calendrier bien définis pour le déploiement des mises à jour et des correctifs. Tenez compte de facteurs tels que la disponibilité des fenêtres de maintenance, les priorités des opérations commerciales et l'impact potentiel sur les utilisateurs. Informez à l'avance les parties prenantes concernées des mises à jour planifiées afin de minimiser les perturbations. Établissez des procédures de restauration pour atténuer tout problème imprévu lors du déploiement de la mise à jour.

Mettre en œuvre des pratiques de gestion du changement

Intégrez les mises à jour et les correctifs dans les pratiques de gestion du changement de l'organisation. Créez un processus de demande de modification pour documenter et suivre les mises à jour et les correctifs. Effectuez des évaluations d'impact pour évaluer les effets potentiels sur les systèmes, les intégrations ou les workflows existants. Recherchez les approbations appropriées pour le déploiement des mises à jour et des correctifs, en garantissant le respect des protocoles de gestion des modifications.

Maintenir les stratégies de sauvegarde et de restauration

Avant d'appliquer des mises à jour et des correctifs, assurez-vous que des stratégies de sauvegarde et de récupération appropriées sont en place. Effectuez des sauvegardes régulières des données critiques et des configurations système. Testez les procédures de restauration des données pour vous assurer que les données peuvent être récupérées en cas de problèmes imprévus pendant le processus de déploiement de la mise à jour ou du correctif.

Communiquer les mises à jour et les correctifs aux utilisateurs

Communiquez efficacement les mises à jour et les correctifs aux utilisateurs, en fournissant des informations claires sur les modifications, les corrections de bogues et les nouvelles fonctionnalités. Informez les utilisateurs de toute interruption potentielle ou indisponibilité du système pendant le processus de mise à jour. Fournissez des instructions et des canaux d'assistance aux utilisateurs pour signaler des problèmes ou demander de l'aide concernant les mises à jour ou les correctifs.

Surveiller et évaluer le processus de mise à jour

Surveillez et évaluez régulièrement l'efficacité du processus de gestion des mises à jour et des correctifs. Suivez des métriques telles que le taux de réussite du déploiement des mises à jour, le temps de déploiement des mises à jour et la satisfaction des utilisateurs après la mise à jour. Recueillez les commentaires des utilisateurs et résolvez rapidement tout problème signalé. Améliorez continuellement le processus de mise à jour en fonction des leçons apprises et des commentaires des utilisateurs.

En suivant ces meilleures pratiques, les organisations peuvent s'assurer que les mises à jour et les correctifs réguliers sont effectués de manière efficace et efficiente. La mise à jour régulière du logiciel d'entreprise permet de maintenir sa sécurité, ses performances et ses fonctionnalités, permettant aux organisations de garder une longueur d'avance sur les menaces potentielles et de fournir un environnement logiciel fiable et sécurisé.

Évaluation du besoin de mises à niveau logicielles

L'évaluation du besoin de mises à niveau logicielles est une étape cruciale dans le maintien d'une infrastructure technologique efficace et compétitive. Cette section traite de l'importance d'évaluer le besoin de mises à niveau logicielles et fournit des conseils sur les pratiques d'évaluation efficaces.

Exigences et objectifs de l'entreprise

Commencez par aligner les mises à niveau logicielles sur les besoins et les objectifs commerciaux de l'entreprise. Évaluer si la version actuelle du logiciel prend en charge de manière adéquate les besoins changeants de l'organisation. Tenez compte de facteurs tels que l'évolutivité, les performances, la sécurité, la compatibilité avec d'autres systèmes et la capacité à répondre aux exigences réglementaires. Évaluez si une mise à niveau est nécessaire pour répondre à ces besoins et stimuler la croissance de l'entreprise.

Vulnérabilités de sécurité et correctifs

L'une des principales raisons des mises à niveau logicielles est de remédier aux vulnérabilités de sécurité. Évaluez régulièrement la posture de sécurité de la version actuelle du logiciel. Restez informé des vulnérabilités signalées et de la disponibilité des correctifs de sécurité. Évaluez la gravité et l'impact potentiel de ces vulnérabilités sur les systèmes et les données de l'organisation. Déterminez si une mise à niveau est essentielle pour résoudre les problèmes de sécurité critiques.

Améliorations des fonctionnalités et fonctionnalités

Évaluez la disponibilité des nouvelles fonctions et fonctionnalités dans la version logicielle mise à niveau. Déterminez si ces améliorations sont conformes aux objectifs commerciaux de l'organisation et peuvent fournir un avantage concurrentiel. Évaluez si les nouvelles fonctionnalités amélioreraient la productivité, rationaliseraient les processus, amélioreraient l'expérience utilisateur ou permettraient l'intégration avec d'autres systèmes. Déterminez si les avantages offerts par le logiciel mis à niveau justifient l'investissement et les efforts requis pour la mise à niveau.

Fin de vie et assistance

Vérifiez si la version actuelle du logiciel a atteint sa fin de vie (EOL) ou sera bientôt non prise en charge par le fournisseur. Les logiciels non pris en charge peuvent manquer de mises à jour de sécurité essentielles, de correctifs de bogues et de support technique, exposant ainsi l'entreprise à des risques. Évaluez les implications de l'utilisation d'une version non prise en charge et envisagez la nécessité d'une mise à niveau pour garantir l'assistance continue du fournisseur, l'accès aux services de maintenance et la conformité aux normes de l'industrie.

L'analyse coûts-avantages

Effectuez une analyse coûts-avantages pour évaluer l'impact financier de la mise à niveau du logiciel. Tenez compte des coûts associés à la mise à niveau, tels que les frais de licence, les dépenses de migration, la formation et les éventuels temps d'arrêt du système pendant la transition. Comparez ces coûts avec les avantages escomptés, tels qu'une productivité accrue, des efforts de maintenance réduits, une sécurité améliorée et des fonctionnalités améliorées. Évaluer si les avantages attendus l'emportent sur l'investissement requis pour la mise à niveau.

Performances et évolutivité du système

Évaluez les performances actuelles du système et les limites d'évolutivité. Évaluez si la version existante du logiciel peut gérer efficacement les demandes croissantes de l'organisation. Tenez compte de facteurs tels que le volume de données, la simultanéité des utilisateurs, les temps de réponse et l'utilisation des ressources. Déterminez si une mise à niveau est nécessaire pour améliorer les performances du système, optimiser l'utilisation des ressources et s'adapter à la croissance future.

Commentaires et satisfaction des utilisateurs

Recueillez les commentaires des utilisateurs finaux concernant leurs expériences avec la version actuelle du logiciel. Identifiez les points faibles, les problèmes d'utilisabilité ou les lacunes de fonctionnalité qui peuvent être résolus dans la version mise à niveau. Évaluez les niveaux de satisfaction des utilisateurs et déterminez si une mise à niveau améliorerait l'expérience utilisateur, la productivité et la satisfaction globale.

Tendances de l'industrie et avancées technologiques

Restez informé des tendances de l'industrie et des avancées technologiques pertinentes pour le domaine des logiciels. Évaluez si la version actuelle du logiciel est conforme aux technologies émergentes et aux meilleures pratiques de l'industrie. Déterminez si une mise à niveau permettrait à l'organisation de tirer parti de nouvelles technologies, telles que le cloud computing, l'intelligence artificielle ou l'analyse de données, pour obtenir un avantage concurrentiel.

Évaluer le retour sur investissement

Déterminez le retour sur investissement (ROI) associé à la mise à niveau du logiciel. Évaluez les économies de coûts potentielles, l'augmentation de la productivité, la croissance des revenus ou les avantages concurrentiels pouvant résulter de la mise à niveau. Évaluez le délai prévu pour atteindre le retour sur investissement et comparez-le aux objectifs financiers et stratégiques de l'organisation.

Consulter les parties prenantes et les experts

Collaborez avec les parties prenantes concernées, y compris les équipes informatiques, les unités commerciales et les utilisateurs clés, pour recueillir leurs commentaires et leurs idées concernant le besoin de mises à niveau logicielles. Demandez conseil à des experts du secteur, à des consultants ou à des représentants de fournisseurs qui peuvent vous fournir des conseils précieux en fonction de leur expertise et de leur expérience dans le domaine.

En évaluant le besoin de mises à niveau logicielles à l'aide de ces considérations, les organisations peuvent prendre des décisions éclairées qui s'alignent sur leurs objectifs commerciaux, leurs exigences de sécurité, la satisfaction des utilisateurs et les considérations financières. Un processus d'évaluation efficace garantit que les mises à niveau logicielles sont entreprises avec une compréhension claire des avantages et impacts potentiels sur le paysage technologique de l'organisation.

Gestion des licences logicielles et des contrats de support

Une gestion efficace des licences logicielles et des contrats de support est cruciale pour que les organisations garantissent la conformité, optimisent les coûts et maintiennent un accès ininterrompu aux ressources logicielles critiques. Cette section décrit les meilleures pratiques de gestion des licences logicielles et des contrats de support.

Inventaire et documentation des licences

Maintenir un inventaire à jour de toutes les licences logicielles utilisées au sein de l'organisation. Documentez les détails de chaque licence, y compris les informations sur le fournisseur, les clés de licence, les conditions générales et le nombre d'utilisateurs ou d'installations autorisés. Centralisez ces informations dans un système de gestion des licences ou une base de données pour garantir un accès facile et un suivi précis.

Audits de conformité et de licence

Examinez et évaluez régulièrement la conformité des licences logicielles pour garantir le respect des termes et conditions de chaque contrat de licence. Effectuez des audits de licence périodiques pour vérifier que l'organisation utilise le logiciel dans le cadre autorisé. Identifiez tout cas de non-conformité et prenez les mesures appropriées pour y remédier, telles que l'obtention de licences supplémentaires ou l'ajustement de l'utilisation du logiciel.

Optimisation des licences et contrôle des coûts

Optimisez l'utilisation des licences logicielles pour minimiser les coûts et maximiser la valeur dérivée de chaque licence. Effectuez une analyse approfondie de l'utilisation des licences dans l'ensemble de l'organisation pour identifier les licences sous-utilisées ou inutilisées. Envisagez de mettre en œuvre des outils ou des solutions de gestion des licences qui fournissent des informations sur les modèles d'utilisation et permettent la réattribution ou la consolidation des licences. Négociez des remises sur volume ou explorez d'autres modèles de licence pour optimiser les coûts.

Gestion des renouvellements et des expirations

Établissez une approche proactive pour gérer les renouvellements et les expirations des licences logicielles. Maintenez un calendrier ou un système pour suivre les dates de renouvellement et les échéances. Commencez le processus de renouvellement bien à l'avance pour garantir un accès ininterrompu aux ressources logicielles. Surveillez les expirations des contrats d'assistance pour éviter toute interruption de l'assistance technique, des mises à jour ou de l'accès aux ressources des fournisseurs.

Gestion des relations avec les fournisseurs

Entretenez des relations positives avec les éditeurs de logiciels pour améliorer le support et la gestion des licences. Établissez des canaux de communication réguliers avec les représentants des fournisseurs pour vous tenir au courant des changements de licence, des mises à niveau et des feuilles de route des produits. Tirez parti de ces relations pour négocier des conditions de licence favorables, obtenir des remises et résoudre rapidement tout problème de licence ou de support.

Négociation et revue de contrat

Lisez attentivement les contrats de licence de logiciel et les contrats de support avant de les conclure. Assurez-vous de bien comprendre les conditions de licence, les droits d'utilisation, les niveaux de support et tous les coûts associés. Identifiez toutes les clauses liées aux restrictions d'utilisation, aux frais de maintenance ou aux conditions de résiliation qui peuvent avoir un impact sur l'organisation. Si nécessaire, impliquez les équipes juridiques ou d'approvisionnement pour examiner et négocier les contrats afin de les aligner sur les intérêts de l'organisation.

Suivi des performances de maintenance et d'assistance

Surveiller la performance des contrats de support pour s'assurer que les fournisseurs remplissent efficacement leurs obligations. Suivez les temps de réponse, les taux de résolution des problèmes et la satisfaction globale à l'égard des services d'assistance des fournisseurs. Traiter rapidement tout écart de l'accord de niveau de service (SLA) et communiquer les préoccupations ou les attentes au fournisseur. Conserver la documentation des interactions de support et des résolutions de problèmes pour référence future.

Planification du cycle de vie du logiciel

Élaborer un plan de cycle de vie du logiciel qui s'aligne sur la stratégie et les objectifs technologiques de l'organisation. Tenez compte de facteurs tels que les annonces de fin de vie, les feuilles de route des produits et la disponibilité des mises à jour ou des mises à niveau logicielles. Planifiez des migrations ou des remplacements de logiciels lorsque les produits atteignent leur phase de fin de vie ou lorsque des alternatives plus appropriées deviennent disponibles.

Centralisez les informations de licence et de support

Centralisez les informations sur les licences et les contrats de support dans un référentiel dédié ou un système de gestion des contrats. Assurez-vous que les principales parties prenantes ont accès à ce référentiel pour faciliter la récupération des détails de la licence, des conditions contractuelles et des informations de renouvellement. Conservez des sauvegardes de la licence critique et de la documentation de support pour vous protéger contre la perte de données ou les défaillances du système.

Examen et audit réguliers

Effectuez des examens réguliers de l'utilisation des licences logicielles, des conditions des contrats d'assistance et des performances des fournisseurs. Évaluer l'efficacité des processus de gestion des licences et identifier les domaines à améliorer. Effectuez des audits périodiques pour vérifier la conformité et vous assurer que les pratiques de gestion des licences sont conformes aux politiques organisationnelles et aux exigences réglementaires.

En mettant en œuvre ces meilleures pratiques, les organisations peuvent gérer efficacement les licences logicielles et les contrats de support, minimiser les risques de conformité, optimiser les coûts et maintenir un accès ininterrompu aux ressources logicielles critiques. Une gestion proactive des licences et de solides relations avec les fournisseurs contribuent à un écosystème logiciel robuste qui prend en charge les opérations commerciales et favorise le succès de l'organisation.

CHAPITRE 7
Gestion de projets de logiciels d'entreprise

Le chapitre 7 de "The Art of Business Software : A Comprehensive Guide for Success" se penche sur les aspects essentiels de la gestion des projets de logiciels d'entreprise. Ce chapitre explore les considérations clés, les méthodologies et les meilleures pratiques pour gérer efficacement les projets logiciels au sein d'une organisation.

Le chapitre commence par souligner l'importance de la planification du projet. Il souligne l'importance de définir les objectifs, la portée, les produits livrables et les échéanciers du projet. Un plan de projet bien défini sert de feuille de route, guidant l'équipe de projet à travers les différentes étapes du cycle de vie du développement logiciel. Il aide à aligner les objectifs du projet sur les objectifs organisationnels et définit des attentes claires pour les parties prenantes du projet.

Ensuite, le chapitre explore différentes méthodologies de gestion de projet, telles que les approches en cascade, agiles et hybrides. Il fournit un aperçu des forces et des faiblesses de chaque méthodologie, permettant aux chefs de projet de choisir l'approche la plus appropriée en fonction des exigences du projet, de la dynamique d'équipe et de la culture organisationnelle. Il met l'accent sur le besoin de flexibilité et d'adaptabilité dans les méthodologies de gestion de projet pour répondre à l'évolution des besoins du projet.

Le chapitre aborde ensuite les principales activités impliquées dans la gestion des projets de logiciels d'entreprise, y compris la collecte des exigences, l'allocation des ressources, la planification des tâches et la gestion des risques. Il met l'accent sur l'importance d'une communication, d'une collaboration et d'un engagement efficaces des parties prenantes tout au long du cycle de vie du projet. Les chefs de projet sont encouragés à établir des lignes de communication claires, à favoriser la collaboration en équipe et à impliquer activement les parties prenantes pour assurer le succès du projet.

En outre, le chapitre souligne l'importance du suivi et du contrôle du projet. Il met l'accent sur la nécessité d'un suivi régulier des progrès, des rapports d'état et de la gestion des problèmes. Les chefs de projet doivent établir des indicateurs de performance clés (KPI) et des mesures pour mesurer l'avancement, la qualité et le respect des délais du projet. En surveillant les performances du projet, les chefs de projet peuvent identifier les écarts par rapport au plan et prendre des mesures correctives en temps opportun.

Le chapitre aborde également l'aspect critique de la gestion des risques du projet. Il met l'accent sur la nécessité de stratégies proactives d'identification, d'analyse et d'atténuation des risques. Les chefs de projet doivent élaborer des plans de gestion des risques et établir des mesures d'urgence pour faire face aux risques potentiels qui pourraient avoir une incidence sur les délais, les budgets ou les livrables du projet. En identifiant et en atténuant les risques dès le début, les chefs de projet peuvent minimiser l'impact d'événements imprévus sur la réussite globale du projet.

En outre, le chapitre traite de l'importance de la gestion du changement dans les projets logiciels. Il met l'accent sur la nécessité d'un processus structuré de gestion du changement pour gérer les changements dans les exigences, la portée ou les priorités du projet. Les chefs de projet doivent s'assurer que les demandes de changement sont soigneusement évaluées, communiquées et mises en œuvre de manière contrôlée, en minimisant les interruptions de l'avancement du projet.

Le chapitre conclut en soulignant l'importance de l'amélioration continue et de l'apprentissage à partir des expériences de projet. Les chefs de projet doivent effectuer des revues post-projet pour évaluer les réussites, les défis et les leçons apprises. Ils doivent identifier les domaines à améliorer et documenter les meilleures pratiques pour les projets futurs. En intégrant les commentaires et les idées des projets précédents, les organisations peuvent améliorer leurs pratiques de gestion de projet et augmenter les chances de réussite des projets logiciels.

En résumé, le chapitre 7 fournit des conseils précieux pour gérer efficacement les projets de logiciels d'entreprise. En suivant les principes et les meilleures pratiques décrits dans ce chapitre, les chefs de projet peuvent naviguer dans les complexités des projets logiciels, obtenir des résultats positifs et contribuer au succès global de leurs organisations.

Principes de gestion de projet pour la mise en œuvre de logiciels

La mise en œuvre de projets logiciels nécessite des principes de gestion de projet efficaces pour garantir des résultats fructueux. Cette section met en évidence les principes clés de gestion de projet spécifiquement adaptés aux projets de mise en œuvre de logiciels.

Définir clairement les objectifs et la portée du projet

Définir clairement les objectifs, la portée et les livrables du projet. Documenter les résultats souhaités et assurer l'alignement avec les objectifs organisationnels. Établir une compréhension commune entre les parties prenantes du projet sur l'objectif, les avantages et les limites du projet. Cette clarté jette les bases d'une planification et d'une exécution efficaces du projet.

Adopter une méthodologie de gestion de projet appropriée

Sélectionnez une méthodologie de gestion de projet adaptée à la nature du projet de mise en œuvre du logiciel. Les méthodologies agiles, telles que Scrum ou Kanban, sont couramment utilisées pour les projets logiciels en raison de leur flexibilité et de leur approche itérative. Les méthodologies en cascade peuvent convenir à des projets avec des exigences bien définies et des phases séquentielles. Envisagez des approches hybrides qui combinent les forces de différentes méthodologies pour répondre au mieux aux besoins du projet.

Impliquer les principales parties prenantes dès le début

Impliquez les principales parties prenantes dès le début du projet, y compris les utilisateurs finaux, la direction, le personnel informatique et les experts en la matière. Impliquez-les dans la collecte des exigences, la conception de la solution et les processus de prise de décision. Leurs connaissances et leur implication garantissent que la solution logicielle s'aligne sur leurs besoins, augmente l'adoption par les utilisateurs et améliore la réussite du projet.

Élaborer un plan de projet détaillé

Créez un plan de projet complet qui décrit les activités, les jalons, les échéanciers et les allocations de ressources. Décomposez le projet en tâches gérables, estimez les efforts et les dépendances, et établissez des délais réalistes. Assurez-vous que le plan de projet tient compte des imprévus et traite des risques potentiels. Révisez et mettez à jour régulièrement le plan au fur et à mesure de l'avancement du projet.

Établir des canaux de communication efficaces

Mettre en place des lignes de communication claires et ouvertes entre les membres de l'équipe de projet et les parties prenantes. Établissez des canaux de communication réguliers, tels que des réunions, des rapports d'avancement et des outils de collaboration, pour assurer un flux d'informations efficace. Encouragez une communication active et transparente pour répondre aux préoccupations, résoudre les problèmes et tenir toutes les parties prenantes informées de l'avancement du projet.

Gérer les changements d'exigences et de portée

Développer un processus de gestion des exigences robuste pour gérer les changements dans les exigences et la portée du projet. Établissez un mécanisme de contrôle des modifications pour évaluer, approuver et suivre les modifications. Communiquez clairement l'impact des changements sur le calendrier, le budget et les livrables du projet. Équilibrer le besoin de flexibilité avec une bonne gestion du changement aide à prévenir la dérive de la portée et à maintenir l'orientation du projet.

Atténuer les risques et anticiper les défis

Identifier les risques du projet et développer de manière proactive des stratégies de gestion des risques. Effectuez une évaluation approfondie des risques pour identifier les problèmes potentiels qui pourraient avoir une incidence sur la réussite du projet. Élaborer des plans de réponse aux risques et établir des mesures d'atténuation pour faire face aux risques identifiés. Surveillez et réévaluez régulièrement les risques tout au long du cycle de vie du projet.

Favoriser la collaboration et responsabiliser l'équipe de projet

Promouvoir un environnement collaboratif et responsabilisant pour l'équipe de projet. Encouragez la communication ouverte, le partage des connaissances et le travail d'équipe. Donnez aux membres de l'équipe les moyens de prendre des décisions, de s'approprier leurs tâches et de contribuer au succès du projet. Reconnaissez et appréciez leurs efforts pour favoriser la motivation et l'engagement.

Effectuer une assurance qualité et des tests réguliers

Mettre en œuvre un processus d'assurance qualité et de test robuste pour s'assurer que la solution logicielle répond aux exigences et aux normes de qualité définies. Élaborez des plans de test complets, exécutez des tests approfondis et résolvez rapidement les problèmes identifiés. Évaluez régulièrement les performances, les fonctionnalités et la convivialité du logiciel pour fournir un produit de haute qualité.

Surveiller les progrès et s'adapter au besoin

Surveiller l'avancement du projet par rapport au plan établi et aux indicateurs de performance clés (KPI). Utilisez des outils et des techniques de gestion de projet pour suivre les jalons, les budgets et l'utilisation des ressources. Identifiez les écarts dès le début et prenez des mesures correctives rapidement. Maintenir la flexibilité pour s'adapter aux circonstances changeantes tout en gardant le projet sur la bonne voie.

En adhérant à ces principes de gestion de projet, les organisations peuvent gérer efficacement les projets d'implémentation de logiciels et augmenter la probabilité d'obtenir des résultats positifs. Les principes mettent l'accent sur une planification appropriée, l'engagement des parties prenantes, une communication efficace, la gestion des risques et une surveillance continue pour assurer la livraison fluide et réussie de la solution logicielle.

Création d'un plan de projet et définition des jalons

La création d'un plan de projet bien structuré avec des jalons définis est cruciale pour gérer efficacement les projets d'implémentation de logiciels. Cette section décrit les étapes clés impliquées dans la création d'un plan de projet et l'établissement de jalons significatifs.

Comprendre les objectifs et la portée du projet

Commencez par bien comprendre les objectifs et la portée du projet. Collaborer avec les principales parties prenantes pour identifier les résultats, les livrables et les contraintes souhaités. Documentez le but, les objectifs et les exigences spécifiques du projet pour servir de base au plan de projet.

Diviser le projet en phases

Divisez le projet en phases ou étapes logiques en fonction de la méthodologie du projet et des exigences spécifiques. Chaque phase doit représenter une étape majeure vers la réalisation des objectifs du projet. Les phases courantes peuvent inclure la collecte des exigences, la conception de la solution, le développement, les tests, le déploiement et le support post-implémentation.

Définir les jalons

Identifiez les étapes importantes qui représentent les réalisations clés ou les points d'achèvement dans chaque phase du projet. Les jalons servent de points de contrôle pour mesurer les progrès et fournir des indications claires sur l'avancement du projet. Ils doivent être spécifiques, mesurables et liés aux livrables ou aux événements clés du projet. Des exemples de jalons incluent l'achèvement de la documentation des exigences, la fin des tests du système ou l'obtention de l'acceptation des utilisateurs.

Établir les dépendances et le séquençage des jalons

Déterminer les relations et les dépendances entre les jalons. Identifiez les jalons qui doivent être franchis avant que d'autres puissent commencer ou progresser. Séquencez les jalons dans un ordre logique pour assurer un déroulement fluide des activités du projet. Tenez compte des contraintes ou dépendances vis-à-vis des ressources, des facteurs externes ou des dépendances vis-à-vis des phases précédentes du projet.

Affecter des ressources et définir des responsabilités

Identifiez les membres de l'équipe de projet, leurs rôles et leurs responsabilités pour chaque étape. Attribuez les tâches et les livrables du projet aux membres de l'équipe en fonction de leur expertise et de leur disponibilité. Communiquez clairement les attentes, les délais et les dépendances pour vous assurer que chacun comprend son rôle et contribue efficacement à la réalisation des jalons.

Estimer l'effort et la durée

Estimez l'effort et la durée requis pour chaque étape en fonction de la portée, de la complexité et des ressources disponibles du projet. Collaborez avec les membres de l'équipe pour recueillir des commentaires et des idées pour des estimations précises. Tenez compte des dépendances, des risques et des défis potentiels qui peuvent avoir un impact sur le temps nécessaire pour terminer chaque étape.

Établir un calendrier et un calendrier

Créez un calendrier de projet qui indique les dates de début et de fin de chaque jalon. Assurez-vous que le calendrier du projet tient compte des dépendances, de la disponibilité des ressources et des délais réalistes. Allouez suffisamment de temps pour les tests, les cycles de révision et tout retard imprévu pouvant survenir pendant l'exécution du projet.

Élaborer un plan de communication

Définissez un plan de communication qui décrit comment l'avancement du projet, les réalisations des jalons et tout changement seront communiqués aux parties prenantes. Identifiez la fréquence, les canaux et les destinataires des mises à jour du projet et des rapports d'état. Établissez un chemin d'escalade clair pour résoudre les problèmes, les risques ou les changements qui peuvent avoir un impact sur la livraison des étapes.

Surveillez et examinez en permanence les progrès

Surveiller régulièrement l'avancement du projet par rapport au calendrier et aux jalons établis. Utilisez des outils et des techniques de gestion de projet pour suivre les progrès réels, identifier les écarts et prendre des mesures correctives si nécessaire. Mener des revues de projet régulières et des réunions de statut pour assurer l'alignement et prendre des décisions éclairées en fonction des performances du projet.

Ajuster et affiner le plan de projet

Au fur et à mesure que le projet progresse, soyez prêt à ajuster et à affiner le plan et les jalons du projet en fonction de nouvelles idées, de l'évolution des exigences ou de circonstances imprévues. Évaluer en permanence les risques du projet, les changements de portée et les commentaires des parties prenantes pour s'assurer que le plan de projet reste réaliste et aligné sur l'évolution des besoins de l'organisation.

En suivant ces étapes, les chefs de projet peuvent créer un plan de projet complet avec des jalons bien définis qui servent de repères critiques tout au long du projet de mise en œuvre du logiciel. Le plan de projet fournit une feuille de route pour l'équipe de projet, assure une allocation efficace des ressources, facilite la communication et permet aux parties prenantes de suivre les progrès et de mesurer le succès du projet.

Suivi des progrès et gestion des risques

Le suivi des progrès et la gestion efficace des risques sont des aspects essentiels des projets d'implémentation de logiciels. Cette section décrit les meilleures pratiques pour suivre les progrès et gérer les risques tout au long du cycle de vie du projet.

Suivi de ProgressDefine : Indicateurs de performance clés (KPI)

Établir des KPI spécifiques pour mesurer l'avancement du projet. Les KPI peuvent inclure les jalons atteints, les tâches terminées, l'utilisation du budget, l'allocation des ressources et les mesures de qualité. Définissez clairement les métriques et les critères de mesure pour chaque KPI afin d'assurer un suivi et un reporting précis.

Mettre en œuvre des outils de gestion de projet

Utiliser des outils de gestion de projet pour suivre et surveiller l'avancement du projet. Ces outils peuvent aider à visualiser les chronologies des projets, à suivre les tâches et les dépendances, à affecter des ressources et à fournir des mises à jour en temps réel. Choisissez des outils qui correspondent à la méthodologie de gestion de projet utilisée et assurez-vous qu'ils sont accessibles à tous les membres de l'équipe concernés.

Examiner et mettre à jour régulièrement le calendrier du projet

Examinez et mettez à jour en permanence le calendrier du projet pour refléter l'état actuel des tâches et des jalons. Identifiez tout retard ou goulot d'étranglement et prenez les mesures appropriées pour y remédier. Gardez le calendrier visible et communiquez tout changement aux parties prenantes en temps opportun.

Mener des réunions d'avancement

Organisez des réunions d'avancement régulières avec l'équipe de projet pour discuter des mises à jour des tâches, relever les défis et assurer l'alignement. Utilisez ces réunions pour suivre les progrès par rapport aux jalons, examiner les tâches terminées et identifier les problèmes ou les risques susceptibles d'affecter les délais du projet. Encouragez la communication et la collaboration ouvertes pour maintenir un environnement de projet transparent et responsable.

Surveiller l'utilisation des ressources

Surveillez régulièrement l'utilisation des ressources pour vous assurer que les membres de l'équipe sont affectés de manière efficace et efficiente. Identifiez les contraintes ou les déséquilibres de ressources et prenez des mesures correctives pour optimiser l'allocation des ressources. Cela comprend la gestion de la charge de travail, la résolution des lacunes en matière de compétences et la prise en compte du besoin de ressources supplémentaires si nécessaire.

Gestion des risques : identifier et évaluer les risques

Effectuez une évaluation complète des risques au début du projet pour identifier les risques potentiels et leur impact potentiel sur la réussite du projet. Impliquez les principales parties prenantes et les membres de l'équipe de projet dans le processus d'identification des risques. Évaluez la probabilité et la gravité de chaque risque et hiérarchisez-les en fonction de leur impact potentiel.

Élaborer un plan de réponse aux risques

Élaborez un plan de réponse aux risques qui décrit les stratégies d'atténuation, d'acceptation, de transfert ou d'évitement des risques identifiés. Attribuez des responsabilités pour les actions d'atténuation des risques et établissez des voies d'escalade claires pour signaler et traiter les risques. Surveiller et mettre à jour en permanence le plan de réponse aux risques à mesure que de nouveaux risques émergent ou que les risques existants évoluent.

Mettre en œuvre la surveillance et le contrôle des risques

Surveillez régulièrement les risques identifiés tout au long du cycle de vie du projet. Suivre l'état des actions d'atténuation des risques et évaluer l'efficacité des mesures de contrôle des risques. Maintenir des canaux de communication ouverts pour encourager le signalement de nouveaux risques ou de changements dans la gravité des risques existants. Traitez les risques de manière proactive pour éviter qu'ils ne deviennent des problèmes majeurs pour le projet.

Communiquer et impliquer les parties prenantes

Tenez les parties prenantes informées des risques identifiés, de leurs impacts potentiels et des mesures prises pour y faire face. Fournir des mises à jour régulières sur l'état des risques dans les rapports de projet et les réunions. Engager les parties prenantes dans les discussions sur les risques et les processus décisionnels pour garantir leur adhésion et leur implication dans les efforts de gestion des risques.

Mener une planification d'urgence

Élaborez des plans d'urgence pour les risques à fort impact susceptibles de perturber considérablement le projet. Identifiez des approches alternatives, des options de sauvegarde ou des stratégies de secours pour atténuer les conséquences de ces risques. Assurez-vous que les plans d'urgence sont bien documentés, communiqués aux parties prenantes concernées et activés si nécessaire.

Favoriser une culture de sensibilisation aux risques

Promouvoir une culture de sensibilisation aux risques et de gestion proactive des risques au sein de l'équipe de projet. Encouragez les membres de l'équipe à identifier et à signaler rapidement les risques, à partager les leçons apprises et à proposer des stratégies d'atténuation des risques. En favorisant un environnement collaboratif et conscient des risques, l'équipe de projet peut contribuer collectivement à une gestion efficace des risques.

En suivant efficacement les progrès et en gérant les risques tout au long du projet de mise en œuvre du logiciel, les chefs de projet peuvent maintenir l'élan du projet, relever les défis de manière proactive et augmenter les chances de réussite du projet. Des activités régulières de suivi des progrès et de gestion des risques aident à maintenir le projet sur la bonne voie, à atténuer les problèmes potentiels et à garantir que le projet est livré dans le cadre, les délais et les normes de qualité définis.

Communiquer efficacement avec les parties prenantes

Une communication efficace avec les parties prenantes est cruciale pour le succès des projets d'implémentation de logiciels. Une communication claire et transparente favorise la collaboration, renforce la confiance, gère les attentes et assure l'alignement entre les participants au projet. Cette section décrit les meilleures pratiques pour communiquer efficacement avec les parties prenantes tout au long du cycle de vie du projet.

Identifier les principales parties prenantes

Identifiez les parties prenantes qui ont un intérêt ou une influence dans le projet. Cela inclut les sponsors du projet, les utilisateurs finaux, la direction, les cadres, les membres de l'équipe et les parties externes. Comprenez leurs rôles, leurs attentes et leurs préférences de communication pour adapter vos stratégies de communication en conséquence.

Établir des canaux de communication

Déterminez les canaux de communication les plus appropriés pour les différentes parties prenantes et les besoins du projet. Cela peut inclure des réunions en face à face, des e-mails, des logiciels de gestion de projet, des outils de collaboration, des vidéoconférences et des rapports d'avancement. Utilisez une combinaison de canaux pour assurer un flux d'informations efficace et opportun.

Adapter les messages au public

Adaptez votre style de communication et votre langage aux besoins et à la compréhension des différentes parties prenantes. Évitez le jargon technique lorsque vous communiquez avec des parties prenantes non techniques et fournissez suffisamment de contexte et d'explications pour les concepts complexes. L'adaptation des messages garantit que les parties prenantes comprennent et s'engagent efficacement avec les informations.

Définir des objectifs de communication clairs

Définir les objectifs pour chaque interaction de communication. Qu'il s'agisse de fournir des mises à jour, de rechercher des commentaires, de répondre à des préoccupations ou de prendre des décisions, la clarté des objectifs de communication aide à orienter les conversations et garantit que les parties prenantes comprennent le but et les résultats souhaités de la communication.

Utiliser l'écoute active

Pratiquer l'écoute active lors de l'engagement avec les parties prenantes. Faites attention à leurs points de vue, leurs préoccupations et leurs commentaires. Encouragez les parties prenantes à partager leurs réflexions et recherchez activement leur avis. En faisant preuve d'écoute active, vous promouvez une culture de dialogue ouvert et favorisez l'engagement des parties prenantes.

Fournir des mises à jour régulières du projet

Maintenez une cadence régulière des mises à jour du projet pour tenir les parties prenantes informées de l'avancement du projet, des étapes franchies et de tout changement ou défi. Envisagez de fournir une combinaison de rapports écrits, de présentations et de réunions pour répondre aux préférences de communication des différentes parties prenantes. Assurez-vous que les mises à jour sont concises, pertinentes et adaptées aux besoins des parties prenantes.

Soyez transparent et honnête

Promouvoir la transparence en partageant des informations précises et honnêtes sur l'état, les défis et les risques du projet. Abordez les problèmes et les préoccupations rapidement et ouvertement. La transparence renforce la confiance entre les parties prenantes, permettant une collaboration et une résolution de problèmes efficaces.

Gérer les attentes

Définissez des attentes réalistes en communiquant clairement les contraintes, les limites et les risques potentiels du projet dès le départ. Énoncez clairement les échéanciers du projet, les produits livrables et tout écart prévu par rapport au plan initial. Informez régulièrement les parties prenantes de tout changement apporté à la portée, au calendrier ou aux exigences du projet afin de gérer efficacement les attentes.

Rechercher et intégrer des commentaires

Rechercher activement les commentaires des parties prenantes à différentes étapes du projet. Encouragez les parties prenantes à fournir des commentaires, des suggestions et des préoccupations concernant les produits livrables, les processus ou les résultats du projet. Intégrez des commentaires précieux dans la prise de décision et les ajustements de projet pour garantir la satisfaction et l'engagement des parties prenantes.

Communications de documents et d'archives

Tenir des registres des communications, des décisions et des accords du projet. Documentez les procès-verbaux des réunions, les éléments d'action et la correspondance importante pour créer un historique complet du projet. Cette documentation sert de référence pour les discussions futures, garantit la responsabilité et aide à résoudre les conflits ou à régler les différends.

Adapter la communication aux phases du projet

Adaptez vos stratégies et fréquences de communication en fonction de la phase du projet. Dans les premières étapes, concentrez-vous sur la fourniture d'aperçus complets du projet et sur la recherche des exigences des parties prenantes. Pendant l'exécution, mettez l'accent sur les mises à jour de l'avancement et la résolution des problèmes. Dans la phase de clôture, communiquez les résultats du projet, les leçons apprises et les prochaines étapes.

Célébrez les réussites et reconnaissez les contributions

Reconnaître et célébrer les jalons du projet, les réalisations et les contributions des parties prenantes. Reconnaissez publiquement les membres de l'équipe et les parties prenantes pour leurs efforts et leurs réussites. Cela favorise un environnement de projet positif et motive les parties prenantes à poursuivre leur engagement et leur engagement.

En suivant ces meilleures pratiques, les chefs de projet peuvent établir une communication efficace avec les parties prenantes, maintenir l'engagement des parties prenantes et assurer une compréhension commune des objectifs, des progrès et des résultats du projet. Une communication efficace contribue à des relations plus solides avec les parties prenantes, à un soutien accru du projet et, en fin de compte, à une mise en œuvre réussie du logiciel.

CHAPITRE 8
Tendances futures des logiciels d'entreprise

Le chapitre 8 de « L'art des logiciels d'entreprise : un guide complet pour réussir » explore les tendances émergentes et les développements futurs dans le domaine des logiciels d'entreprise. Ce chapitre donne un aperçu de l'évolution du paysage technologique et de son impact potentiel sur les entreprises. Il met en évidence les principales tendances qui devraient façonner l'avenir des logiciels d'entreprise.

Intelligence artificielle et apprentissage automatique

L'intelligence artificielle (IA) et l'apprentissage automatique (ML) révolutionnent les logiciels d'entreprise. Les applications alimentées par l'IA peuvent automatiser les tâches répétitives, analyser de grandes quantités de données et fournir des informations intelligentes. Les algorithmes ML permettent aux logiciels d'apprendre et de s'adapter, améliorant ainsi les processus de prise de décision, les expériences client et l'efficacité opérationnelle. Le chapitre explore les applications potentielles de l'IA et du ML dans divers domaines commerciaux et leur rôle dans l'élaboration de l'avenir des logiciels.

Cloud computing et logiciel en tant que service (SaaS)

Le cloud computing et l'essor du logiciel en tant que service (SaaS) ont transformé la façon dont les entreprises accèdent aux solutions logicielles et les utilisent. Le chapitre traite des avantages des logiciels basés sur le cloud, tels que l'évolutivité, la flexibilité et la rentabilité. Il explore l'adoption croissante des logiciels d'entreprise basés sur le cloud, le passage des déploiements sur site aux solutions basées sur le cloud et les implications pour les entreprises en termes de sécurité des données, d'intégration et de gestion des fournisseurs.

Internet des objets (IdO :

L'Internet des objets (IoT) est un réseau en pleine expansion d'appareils interconnectés qui collectent et échangent des données. Le chapitre explore comment la technologie IoT s'intègre aux logiciels d'entreprise, permettant la surveillance en temps réel, l'analyse des données et l'automatisation. Il traite de l'impact potentiel de l'IoT sur des secteurs tels que la fabrication, la logistique, la santé et les villes intelligentes, ainsi que des opportunités et des défis associés à l'intégration de l'IoT.

Technologie de la chaîne de blocs

La technologie Blockchain, connue pour sa nature sécurisée et transparente, a le potentiel de révolutionner divers aspects des logiciels d'entreprise. Le chapitre explore comment la blockchain peut améliorer la confiance, la sécurité et l'efficacité dans des domaines tels que la gestion de la chaîne d'approvisionnement, les transactions financières et la confidentialité des données. Il traite de l'émergence de plates-formes basées sur la blockchain, de contrats intelligents et d'applications décentralisées, et de leurs implications pour les futures solutions logicielles d'entreprise.

Analyse de données et intelligence d'affaires améliorées

Les progrès de l'analyse de données et de l'intelligence d'affaires transforment la façon dont les entreprises exploitent les données pour obtenir des informations et prendre des décisions. Le chapitre traite de l'intégration d'outils d'analyse avancés, de modélisation prédictive et de techniques de visualisation de données dans les logiciels d'entreprise. Il met en évidence l'importance de la prise de décision basée sur les données, l'émergence de l'analyse en libre-service et l'intégration des capacités d'analyse directement dans les applications logicielles.

Expérience utilisateur et Design Thinking

L'accent mis sur l'expérience utilisateur (UX) et le design thinking façonne de plus en plus le développement de logiciels d'entreprise. Le chapitre explore la manière dont les entreprises accordent la priorité aux interfaces intuitives, aux flux de travail rationalisés et aux expériences personnalisées pour les utilisateurs finaux. Il traite du rôle des méthodologies de réflexion conceptuelle dans la création de logiciels qui répondent aux besoins des utilisateurs, améliorent la productivité et favorisent l'adoption et la satisfaction des utilisateurs.

Cybersécurité et confidentialité

À mesure que les logiciels d'entreprise deviennent de plus en plus interconnectés et axés sur les données, le besoin de mesures robustes de cybersécurité et de confidentialité des données devient primordial. Le chapitre explore l'importance croissante de la cybersécurité dans les logiciels d'entreprise, y compris le chiffrement des données, la détection des menaces et les contrôles d'accès. Il examine également l'évolution du paysage des réglementations sur la confidentialité et l'impact sur la conception et la mise en œuvre des logiciels d'entreprise.

Tout au long du chapitre, des études de cas, des exemples de l'industrie et des avis d'experts sont utilisés pour fournir une compréhension complète de ces tendances futures. Le chapitre conclut en soulignant l'importance de se tenir au courant des technologies émergentes, de comprendre leurs implications et d'adapter les stratégies commerciales pour tirer parti du potentiel de ces tendances.

En explorant ces tendances futures, les entreprises peuvent mieux comprendre l'évolution du paysage des logiciels d'entreprise et se positionner de manière proactive pour exploiter les avantages de ces avancées. Ces connaissances permettent aux entreprises de prendre des décisions éclairées, d'adopter l'innovation et de garder une longueur d'avance dans un paysage technologique en évolution rapide.

Les technologies émergentes et leur impact sur les logiciels d'entreprise

Les technologies émergentes ont un impact profond sur le développement et les capacités des logiciels d'entreprise. Cette section explore certaines des principales technologies émergentes et leurs implications potentielles pour les logiciels d'entreprise.

Intelligence artificielle (IA) et apprentissage automatique (ML)

Les technologies d'IA et de ML révolutionnent les logiciels d'entreprise en permettant l'automatisation, l'analyse prédictive et la prise de décision intelligente. Les applications logicielles alimentées par l'IA peuvent automatiser les tâches répétitives, analyser de grandes quantités de données et fournir des informations précieuses. Les algorithmes ML permettent aux logiciels d'apprendre à partir des données et d'améliorer les performances au fil du temps. L'intégration de l'IA et du ML dans les logiciels d'entreprise améliore l'efficacité, la personnalisation et la prise de décision basée sur les données.

Internet des objets (IdO)

L'Internet des objets (IoT) est un réseau d'appareils interconnectés intégrant des capteurs, des logiciels et une connectivité, leur permettant de collecter et d'échanger des données. La technologie IoT a le potentiel de révolutionner les logiciels d'entreprise en permettant la surveillance des données en temps réel, la gestion des appareils à distance et l'automatisation. Les entreprises peuvent tirer parti des données IoT pour optimiser les opérations, améliorer l'expérience client et stimuler l'innovation dans tous les secteurs.

Technologie de la chaîne de blocs

La technologie Blockchain offre des systèmes transactionnels décentralisés sécurisés et transparents. Il a le potentiel de transformer divers aspects des logiciels d'entreprise, notamment la gestion de la chaîne d'approvisionnement, les transactions financières et la sécurité des données. La blockchain fournit un enregistrement infalsifiable et auditable des transactions, améliorant la confiance, la traçabilité et l'efficacité des processus métier. L'intégration de la blockchain dans les logiciels d'entreprise peut améliorer l'intégrité des données, rationaliser les transactions et réduire la fraude.

Cloud computing et logiciel en tant que service (SaaS)

Le cloud computing et l'essor du logiciel en tant que service (SaaS) ont transformé la façon dont les entreprises accèdent aux solutions logicielles et les utilisent. Les logiciels d'entreprise basés sur le cloud offrent évolutivité, flexibilité et rentabilité en tirant parti des serveurs et de l'infrastructure distants. Les modèles SaaS permettent aux entreprises d'accéder à des applications logicielles à la demande, réduisant ainsi le besoin d'installations et de maintenance sur site. Le cloud computing et le SaaS facilitent la collaboration, le partage de données et le travail à distance, favorisant l'efficacité et l'agilité des opérations commerciales.

Analyse de données et intelligence d'affaires améliorées

Les progrès de l'analyse de données et de l'intelligence d'affaires permettent aux entreprises d'obtenir des informations précieuses à partir de leurs données. Les logiciels d'entreprise intègrent des outils d'analyse avancés, une modélisation prédictive et des techniques de visualisation des données pour permettre une prise de décision basée sur les données. Ces technologies facilitent l'analyse approfondie de grands ensembles de données, l'identification de modèles et de tendances, ainsi que des informations exploitables. Les capacités améliorées d'analyse de données et d'intelligence d'affaires permettent aux entreprises d'optimiser les processus, d'améliorer l'expérience client et d'acquérir un avantage concurrentiel.

Réalité augmentée (AR) et réalité virtuelle (VR)

Les technologies AR et VR trouvent des applications dans les logiciels d'entreprise, en particulier dans des domaines tels que la formation, la simulation et la visualisation. La réalité augmentée améliore les expériences du monde réel en superposant des informations numériques sur l'environnement physique, tandis que la réalité virtuelle plonge les utilisateurs dans des environnements virtuels. Les entreprises peuvent tirer parti de la réalité augmentée et de la réalité virtuelle dans des domaines tels que la conception de produits, les réunions virtuelles et les simulations de formation, améliorant ainsi la collaboration, l'engagement et la productivité.

Traitement du langage naturel (TLN) et reconnaissance vocale

Les technologies de PNL et de reconnaissance vocale permettent aux logiciels d'entreprise de comprendre et de traiter le langage humain, ouvrant de nouvelles voies pour l'interaction homme-ordinateur. Les chatbots, les assistants virtuels et les interfaces vocales sont de plus en plus répandus dans les logiciels d'entreprise, facilitant les interactions utilisateur naturelles et intuitives. Ces technologies améliorent le support client, automatisent les tâches de routine et améliorent l'expérience utilisateur.

Ces technologies émergentes ont le potentiel de remodeler les logiciels d'entreprise, permettant aux entreprises de rationaliser les processus, d'améliorer la prise de décision et de stimuler l'innovation. Les organisations qui adoptent et s'adaptent à ces technologies peuvent acquérir un avantage concurrentiel, fournir de meilleurs produits et services et transformer leur mode de fonctionnement dans un monde de plus en plus numérique.

Analyse prédictive et intelligence artificielle (IA)

L'analyse prédictive et l'IA sont des technologies transformatrices qui ont un impact significatif sur les logiciels d'entreprise. Cette section explore les concepts d'analyse prédictive et d'IA et leurs implications pour les applications logicielles d'entreprise.

Analyses prédictives

L'analyse prédictive implique l'utilisation de données historiques, d'algorithmes statistiques et de techniques d'apprentissage automatique pour prévoir les résultats ou les comportements futurs. En analysant les modèles et les tendances des données, l'analyse prédictive permet aux entreprises de faire des prédictions éclairées et de prendre des décisions proactives. Dans le contexte des logiciels d'entreprise, les algorithmes d'analyse prédictive peuvent révéler des informations précieuses, anticiper les préférences des clients, optimiser les processus et atténuer les risques.

Applications de l'analyse prédictive dans les logiciels d'entreprise : Ventes et marketing

L'analyse prédictive peut aider les entreprises à identifier les clients potentiels, à personnaliser les campagnes marketing, à prévoir les ventes et à optimiser les stratégies de tarification. En analysant les données clients, l'historique des achats et les tendances du marché, les logiciels d'entreprise peuvent fournir des informations exploitables pour des efforts marketing ciblés et une meilleure prévision des ventes.

Gestion des risques

Les algorithmes d'analyse prédictive peuvent évaluer les risques en analysant les données historiques et en identifiant les modèles qui précèdent les événements indésirables. Cela permet aux entreprises de prévoir et d'atténuer les risques, tels que la fraude, les pertes financières ou les perturbations opérationnelles. Un logiciel de gestion des risques optimisé par l'analyse prédictive peut fournir des évaluations des risques, des alertes et des recommandations en temps réel.

Optimisation de la chaîne d'approvisionnement

L'analyse prédictive peut optimiser les opérations de la chaîne d'approvisionnement en analysant les modèles de demande, en prévoyant les besoins en stocks et en identifiant les goulots d'étranglement ou les perturbations potentielles. Les logiciels d'entreprise dotés de capacités d'analyse prédictive peuvent permettre une gestion proactive des stocks, une planification logistique efficace et une meilleure collaboration avec les fournisseurs.

Intelligence Artificielle (IA)

L'IA fait référence à la simulation de l'intelligence humaine dans des machines capables d'effectuer des tâches qui nécessitent généralement une intelligence humaine, telles que la compréhension du langage naturel, la reconnaissance de modèles et la prise de décisions éclairées. Les technologies d'intelligence artificielle, telles que l'apprentissage automatique, le traitement du langage naturel et la vision par ordinateur, permettent aux applications logicielles d'apprendre à partir des données, de s'adapter aux nouvelles informations et d'automatiser des tâches complexes.

Applications de l'IA dans les logiciels d'entreprise :

Automatisation intelligente : l'IA permet aux logiciels d'entreprise d'automatiser les tâches routinières et répétitives, améliorant ainsi l'efficacité et la productivité. L'automatisation intelligente peut rationaliser les processus, tels que la saisie de données, le traitement des documents et le support client, réduisant ainsi les efforts manuels et les erreurs humaines.

Traitement du langage naturel (TAL)

La PNL permet aux logiciels d'entreprise de comprendre et d'interpréter le langage humain, en facilitant les interfaces conversationnelles, les chatbots et les interactions vocales. Les applications alimentées par le NLP peuvent analyser les demandes

des clients, fournir des réponses personnalisées et améliorer les expériences des utilisateurs.

Systèmes d'aide à la décision

Les systèmes d'aide à la décision basés sur l'IA fournissent des recommandations et des informations pour soutenir les processus de prise de décision. En analysant de grandes quantités de données, les logiciels d'entreprise basés sur l'IA peuvent identifier des modèles, détecter des anomalies et générer des modèles prédictifs qui aident à la prise de décision stratégique.

Amélioration de l'expérience client

Les technologies d'intelligence artificielle permettent aux entreprises de personnaliser l'expérience client en analysant les données, les préférences et le comportement des clients. Les moteurs de recommandation alimentés par l'IA peuvent suggérer des produits ou services pertinents, personnaliser les messages marketing et optimiser les interfaces utilisateur pour améliorer la satisfaction et l'engagement des clients.

L'intégration de l'analyse prédictive et de l'IA dans les logiciels d'entreprise permet aux organisations de tirer parti des informations basées sur les données, d'automatiser les processus, d'optimiser la prise de décision et d'améliorer l'expérience client. En adoptant ces technologies, les entreprises peuvent acquérir un avantage concurrentiel, améliorer leur efficacité opérationnelle et ouvrir de nouvelles opportunités de croissance et d'innovation.

Solutions logicielles basées sur le cloud

Les solutions logicielles basées sur le cloud ont transformé la façon dont les entreprises accèdent, déploient et utilisent les applications logicielles. Cette section explore le concept de cloud computing et ses implications pour les entreprises utilisant des solutions logicielles basées sur le cloud.

Cloud computing

Le cloud computing fait référence à la fourniture de services informatiques sur Internet, permettant aux utilisateurs d'accéder et d'utiliser à distance des applications logicielles, du stockage et des ressources informatiques. Plutôt que de s'appuyer sur des serveurs ou une infrastructure locaux, les logiciels basés sur le cloud exploitent des serveurs distants hébergés par des fournisseurs tiers. Les utilisateurs peuvent accéder au logiciel via des navigateurs Web ou des applications dédiées, les données et le traitement étant gérés sur les serveurs du fournisseur.

Principales implications des solutions logicielles basées sur le cloud pour les entreprises : évolutivité et flexibilité

Les solutions logicielles basées sur le cloud offrent une évolutivité, permettant aux entreprises d'ajuster leur utilisation des ressources en fonction de la demande. À mesure que les besoins de l'entreprise augmentent ou changent, les logiciels basés sur le cloud peuvent facilement évoluer vers le haut ou vers le bas, fournissant la puissance de calcul, le stockage et l'accès utilisateur requis. Cette flexibilité permet aux entreprises d'aligner leurs ressources logicielles sur l'évolution de leurs besoins, en évitant les contraintes des déploiements de logiciels traditionnels sur site.

Rentabilité

Les solutions logicielles basées sur le cloud offrent des avantages de coût par rapport aux logiciels traditionnels sur site. Au lieu d'investir dans du matériel coûteux, de la maintenance et des licences logicielles, les entreprises peuvent accéder à des logiciels basés sur le cloud via un modèle d'abonnement ou une tarification à l'utilisation. Cela réduit les coûts initiaux et permet aux entreprises d'optimiser leurs dépenses logicielles en fonction de l'utilisation réelle. Les logiciels basés sur le cloud éliminent également le besoin d'une infrastructure sur site, réduisant ainsi les coûts de maintenance et de mise à niveau.

Accessibilité et collaboration

Les logiciels basés sur le cloud sont accessibles de n'importe où avec une connexion Internet, permettant le travail à distance et améliorant la collaboration. Les employés peuvent accéder au logiciel et collaborer en temps réel, quel que soit leur emplacement physique. Cette accessibilité favorise la flexibilité, la productivité et une collaboration efficace entre les équipes, les sous-traitants et les parties prenantes géographiquement dispersés.

Mises à jour et maintenance automatiques

Les fournisseurs de logiciels basés sur le cloud sont responsables de la maintenance et de la mise à jour de l'infrastructure logicielle. Les entreprises n'ont plus à se soucier de l'installation manuelle des mises à jour ou de la gestion des correctifs logiciels. Le logiciel basé sur le cloud est automatiquement mis à jour par le fournisseur, garantissant aux entreprises l'accès aux dernières fonctionnalités, corrections de bogues et améliorations de sécurité sans effort supplémentaire.

Sécurité et sauvegarde des données

Les solutions logicielles basées sur le cloud donnent la priorité à la sécurité des données et offrent des mécanismes de sauvegarde robustes. Les fournisseurs de cloud mettent en œuvre des mesures de sécurité strictes, telles que le cryptage des données, les contrôles d'accès et des audits de sécurité réguliers, pour protéger les données commerciales sensibles. De plus, les logiciels basés sur le cloud incluent souvent des fonctionnalités de sauvegarde des données et de reprise après sinistre, garantissant la continuité des activités et la résilience des données en cas de panne du système ou de perte de données.

Intégration et Ecosystèmes

Les solutions logicielles basées sur le cloud offrent souvent des capacités d'intégration avec d'autres applications logicielles et services via des API (Application Programming Interfaces). Cela permet aux entreprises de connecter leur logiciel basé sur le cloud à d'autres systèmes, tels que la gestion de la relation client (CRM), la comptabilité ou les plates-formes de commerce électronique. Les capacités d'intégration favorisent un flux de données transparent, l'automatisation des processus et des flux de travail rationalisés entre différentes solutions logicielles.

Déploiement rapide et retour sur investissement

Les solutions logicielles basées sur le cloud permettent un déploiement rapide, permettant aux entreprises de commencer à utiliser le logiciel rapidement. Avec une installation et une configuration minimales de l'infrastructure requise, les entreprises peuvent réduire le temps entre l'acquisition du logiciel et la valorisation du logiciel. Cette agilité permet une adoption plus rapide, une mise sur le marché plus rapide et des processus métier accélérés.

En tirant parti des solutions logicielles basées sur le cloud, les entreprises peuvent accéder à une large gamme d'applications logicielles, améliorer la collaboration, optimiser les coûts et se concentrer sur leurs compétences de base. Le cloud computing offre évolutivité, flexibilité, rentabilité et mises à jour logicielles transparentes, permettant aux entreprises de s'adapter aux besoins changeants du marché et d'acquérir un avantage concurrentiel dans l'environnement commercial dynamique d'aujourd'hui.

Le rôle des applications mobiles dans les logiciels métiers

Les applications mobiles jouent un rôle important dans l'amélioration de la fonctionnalité et de l'accessibilité des logiciels d'entreprise. Cette section explore le rôle des applications mobiles dans les logiciels d'entreprise et leurs implications pour les entreprises.

Accessibilité et mobilité améliorées

Les applications mobiles permettent aux utilisateurs d'accéder aux logiciels d'entreprise et aux données critiques de n'importe où, à tout moment. Les utilisateurs peuvent facilement accéder aux fonctionnalités du logiciel, afficher des informations en temps réel et effectuer des tâches lors de leurs déplacements, à l'aide de leurs smartphones ou tablettes. Les applications mobiles permettent aux employés de rester connectés et productifs, même lorsqu'ils sont loin de leur bureau ou en voyage. Cette accessibilité améliore la productivité, la réactivité et l'agilité des opérations commerciales.

Amélioration de l'expérience utilisateur et de l'engagement

Les applications mobiles sont conçues en mettant l'accent sur l'expérience utilisateur, en fournissant des interfaces intuitives et des flux de travail optimisés pour les appareils mobiles. En adaptant les fonctionnalités logicielles et les interfaces utilisateur spécifiquement aux plates-formes mobiles, les logiciels d'entreprise peuvent offrir une expérience transparente et conviviale. Cela améliore l'engagement, l'adoption et la satisfaction des utilisateurs, car les applications mobiles répondent aux préférences et aux habitudes des utilisateurs d'appareils mobiles.

Données et notifications en temps réel

Les applications mobiles permettent un accès en temps réel aux données de l'entreprise, permettant aux utilisateurs de recevoir des informations à jour et des notifications en temps opportun. Cette disponibilité des données en temps réel permet aux utilisateurs de prendre des décisions éclairées, de réagir rapidement aux situations commerciales et de se tenir informés des événements critiques. Les applications mobiles peuvent fournir des notifications push, des alertes et des rappels, garantissant que les utilisateurs sont rapidement informés des mises à jour ou des tâches importantes.

Productivité et collaboration en déplacement

Les applications mobiles facilitent la productivité et la collaboration en déplacement entre les membres de l'équipe. Les utilisateurs peuvent accéder et mettre à jour des documents, participer à des discussions et collaborer avec des collègues via des applications mobiles. Les fonctionnalités de collaboration mobiles améliorent la communication, la coordination et le travail d'équipe, même lorsque les membres de l'équipe sont géographiquement dispersés ou travaillent à distance.

Services basés sur la localisation et informations contextuelles

Les applications mobiles peuvent tirer parti des services basés sur la localisation et des informations contextuelles pour améliorer les fonctionnalités des logiciels d'entreprise. En utilisant la technologie GPS ou balise, les applications mobiles peuvent fournir des informations spécifiques à l'emplacement, des recommandations ciblées ou des expériences personnalisées. Par exemple, un logiciel de gestion du service sur le terrain peut optimiser les itinéraires en fonction des données de localisation en temps réel, améliorant ainsi l'efficacité et le service client.

Intégration avec les fonctionnalités de l'appareil

Les applications mobiles peuvent s'intégrer de manière transparente à diverses fonctionnalités de l'appareil, telles que les caméras, les microphones et les capteurs. Cette intégration permet aux utilisateurs de capturer des images, de scanner des codes-barres, d'enregistrer de l'audio ou d'utiliser l'authentification biométrique dans le logiciel d'entreprise. L'exploitation des fonctionnalités de l'appareil améliore la précision de la saisie des données, simplifie les processus et enrichit les fonctionnalités des logiciels d'entreprise.

Capacités hors ligne

Les applications mobiles peuvent offrir des fonctionnalités hors ligne, permettant aux utilisateurs de travailler et d'accéder aux données même lorsqu'une connexion Internet est temporairement indisponible. Le mode hors ligne permet aux utilisateurs de poursuivre leurs tâches, de synchroniser les données une fois la connectivité restaurée et de garantir une productivité ininterrompue. Ceci est particulièrement avantageux pour les agents de service sur le terrain, les représentants commerciaux ou les employés dans des zones éloignées avec une couverture réseau limitée.

Personnalisation et préférences utilisateur

Les applications mobiles peuvent fournir des expériences personnalisées en s'adaptant aux préférences, paramètres et modèles d'utilisation des utilisateurs. Les applications mobiles peuvent mémoriser les préférences de l'utilisateur, fournir des recommandations personnalisées et proposer un contenu personnalisé en fonction du comportement de l'utilisateur. Cette personnalisation améliore l'engagement, l'efficacité et la satisfaction des utilisateurs vis-à-vis du logiciel d'entreprise.

En incorporant des applications mobiles dans les stratégies logicielles d'entreprise, les organisations peuvent tirer parti de la puissance de la mobilité, des données en temps réel et des expériences utilisateur améliorées. Les applications mobiles permettent aux employés d'être productifs, de collaborer efficacement et de prendre des décisions éclairées, où qu'ils se trouvent. Le rôle des applications mobiles dans les logiciels d'entreprise s'aligne sur le besoin croissant de flexibilité, d'accessibilité et de flux de travail centrés sur le mobile dans le paysage commercial numérique d'aujourd'hui.

En conclusion, "The Art of Business Software: A Comprehensive Guide for Success" propose une exploration complète du monde des logiciels d'entreprise et de ses applications. Le livre couvre divers aspects des logiciels d'entreprise, y compris son importance dans le paysage numérique moderne, la planification et la sélection du bon logiciel, la mise en œuvre et la maximisation de son efficacité, la garantie de la sécurité et de la protection des données, la maintenance et la mise à niveau des logiciels, la gestion des projets logiciels et les tendances futures qui façonnent l'industrie.

CONCLUSION

L'importance des logiciels d'entreprise dans le paysage numérique moderne ne peut être surestimée. Il est devenu un outil essentiel pour les entreprises de toutes tailles, leur permettant de rationaliser leurs opérations, d'améliorer leur productivité et d'acquérir un avantage concurrentiel. De la gestion des finances et des relations clients à l'optimisation des flux de travail et à l'analyse des données, les logiciels d'entreprise jouent un rôle central dans la croissance et le succès.

Tout au long du livre, les lecteurs obtiennent des informations précieuses sur les différents aspects des logiciels d'entreprise, étayées par des exemples concrets, des études de cas et des conseils d'experts. Le livre met l'accent sur la nécessité d'une planification et d'une sélection minutieuses de solutions logicielles qui correspondent aux besoins et aux objectifs de l'entreprise. Il fournit des conseils sur le processus de mise en œuvre, en abordant des considérations clés telles que la gestion du changement, la formation des utilisateurs et l'adoption réussie.

Le livre souligne également l'importance de maximiser l'efficacité des logiciels d'entreprise. Il explore des sujets tels que la personnalisation des logiciels pour répondre aux besoins spécifiques de l'entreprise, l'optimisation des flux de travail et des processus, l'intégration des logiciels aux systèmes existants et la surveillance des performances des logiciels. En se concentrant sur ces aspects, les entreprises peuvent extraire le maximum de valeur de leurs investissements logiciels et favoriser l'excellence opérationnelle.

La sécurité et la protection des données sont des préoccupations essentielles à l'ère numérique, et le livre aborde ces sujets en détail. Il souligne la nécessité de mettre en œuvre des mesures solides pour protéger les données sensibles, gérer l'accès et les autorisations des utilisateurs et garantir le respect des réglementations en matière de confidentialité. En accordant la priorité à la sécurité et à la protection des données, les entreprises peuvent maintenir la confiance, protéger les informations précieuses et atténuer les risques associés aux cybermenaces.

"The Art of Business Software" se penche également sur l'importance de la maintenance et de la mise à niveau des logiciels pour suivre l'évolution des besoins des entreprises et les avancées technologiques. Il guide les lecteurs dans l'établissement de plans de maintenance, l'exécution de mises à jour et de correctifs, l'évaluation du besoin de mises à niveau et la gestion des licences logicielles et des contrats de support. Ces pratiques assurent la pérennité et la pertinence à long terme des solutions logicielles d'entreprise.

En outre, le livre fournit des informations précieuses sur la gestion des projets de logiciels d'entreprise, en soulignant l'importance des principes de gestion de projet, en créant des plans de projet, en définissant des jalons et en communiquant efficacement avec les parties prenantes. En suivant les meilleures pratiques en matière de gestion de projet, les entreprises peuvent améliorer la collaboration, gérer les risques et livrer avec succès des projets logiciels dans les délais et dans les limites du budget.

Enfin, le livre se tourne vers l'avenir, explorant les tendances émergentes dans les logiciels d'entreprise tels que l'intelligence artificielle, le cloud computing, l'IoT et la technologie blockchain. Il met en évidence l'impact potentiel de ces tendances sur les entreprises et encourage les lecteurs à rester informés et à adopter l'innovation pour rester en tête dans un paysage technologique en évolution rapide.

"The Art of Business Software: A Comprehensive Guide for Success" est une ressource précieuse pour les entreprises et les professionnels qui cherchent à naviguer dans le monde complexe des logiciels d'entreprise. Qu'il s'agisse de sélectionner la bonne solution logicielle, de la mettre en œuvre efficacement, d'assurer la sécurité et l'efficacité ou de se tenir au courant des tendances futures, ce livre fournit les connaissances et les idées nécessaires pour réussir à exploiter la puissance des logiciels d'entreprise pour la croissance et la prospérité.

Tout au long de "L'art des logiciels d'entreprise : un guide complet pour réussir", plusieurs points clés ont été abordés pour fournir aux lecteurs une compréhension complète des logiciels d'entreprise. Voici un récapitulatif des points clés abordés dans le livre :

Importance des logiciels d'entreprise

Les logiciels d'entreprise jouent un rôle crucial dans le paysage numérique moderne, permettant aux entreprises de rationaliser leurs opérations, d'améliorer leur productivité et d'acquérir un avantage concurrentiel.

Logiciel de planification et de sélection

Une planification et une sélection minutieuses des solutions logicielles sont essentielles pour aligner les logiciels sur les besoins et les objectifs de l'entreprise. Cela implique d'évaluer les besoins de l'entreprise, de mener des études de faisabilité, d'évaluer différentes options et de prendre des décisions éclairées.

Mise en œuvre du logiciel

La mise en œuvre réussie d'un logiciel d'entreprise nécessite une préparation approfondie, y compris la création de stratégies de mise en œuvre, la définition de jalons, la gestion du changement et la formation et l'adoption des utilisateurs.

Maximiser l'efficacité du logiciel

La personnalisation et la configuration des logiciels, l'optimisation des flux de travail et des processus, l'intégration aux systèmes existants et la surveillance des performances sont des stratégies clés pour maximiser l'efficacité et la valeur des logiciels d'entreprise.

Sécurité et protection des données

La protection des données sensibles, la mise en œuvre de mesures de protection des données, la gestion de l'accès et des autorisations des utilisateurs et la garantie du respect des réglementations en matière de confidentialité sont essentielles pour maintenir la sécurité et la confidentialité des données.

Maintenance et mise à jour du logiciel

L'établissement de plans de maintenance, l'exécution de mises à jour et de correctifs réguliers, l'évaluation des besoins de mises à niveau et la gestion des licences logicielles et des contrats de support sont importants pour la durabilité et la pertinence à long terme des logiciels d'entreprise.

Gestion de projets logiciels

L'application des principes de gestion de projet, la création de plans de projet, le suivi des progrès, la gestion des risques et la communication efficace avec les parties prenantes sont essentiels pour une gestion de projet logiciel réussie.

Tendances futures

Explorer les technologies émergentes telles que l'intelligence artificielle, le cloud computing, l'IoT et la blockchain, et comprendre leur impact potentiel sur les logiciels d'entreprise, permet aux entreprises de garder une longueur d'avance et de s'adapter aux tendances futures.

Ces points clés fournissent collectivement aux lecteurs un guide complet pour naviguer dans le monde des logiciels d'entreprise, leur permettant de prendre des décisions éclairées, d'optimiser l'efficacité, d'améliorer la sécurité et de tirer parti des technologies émergentes pour la croissance et le succès.

"L'art de la mise en œuvre et de la gestion réussies des logiciels d'entreprise" sert de guide complet pour les entreprises qui cherchent à naviguer dans le processus complexe de mise en œuvre et de gestion efficaces des logiciels. En mettant l'accent sur les principes clés, les stratégies et les meilleures pratiques, ce livre fournit des informations précieuses pour aider les entreprises à réussir leurs initiatives logicielles.

La mise en œuvre et la gestion réussies des logiciels d'entreprise nécessitent une planification minutieuse, un alignement sur les objectifs commerciaux et une concentration sur l'adoption par les utilisateurs. Ce livre souligne l'importance d'évaluer les besoins de l'entreprise, de mener des études de faisabilité et de sélectionner des solutions logicielles qui correspondent aux exigences organisationnelles. Il met l'accent sur la nécessité d'une communication efficace, de la formation des utilisateurs et de la gestion du changement pour assurer une adoption en douceur et maximiser les avantages de la mise en œuvre du logiciel.

Le livre souligne l'importance de maximiser l'efficacité des logiciels grâce à la personnalisation, l'optimisation du flux de travail et l'intégration avec les systèmes existants. En surveillant et en mesurant en permanence les performances des logiciels, les entreprises peuvent identifier les domaines à améliorer et optimiser de manière proactive leurs solutions logicielles.

La sécurité et la protection des données sont des aspects essentiels d'une gestion logicielle réussie. Le livre souligne l'importance de mettre en œuvre des mesures de sécurité robustes, de gérer l'accès et les autorisations des utilisateurs et de garantir le respect des réglementations en matière de confidentialité. En donnant la priorité à la sécurité, les entreprises peuvent protéger des données précieuses, maintenir la confiance et atténuer les risques associés aux cybermenaces.

De plus, le livre souligne la nécessité d'une maintenance logicielle continue, de mises à jour régulières et d'une évaluation des besoins de mise à niveau. Il met l'accent sur l'importance de la gestion des licences logicielles et des contrats de support pour garantir une fonctionnalité continue et un accès au support technique.

La mise en œuvre et la gestion réussies des logiciels nécessitent également des pratiques de gestion de projet efficaces. Le livre met l'accent sur l'importance de la planification de projet, la définition des jalons, le suivi des progrès, la gestion des risques et l'engagement des parties prenantes tout au long du cycle de vie du projet. En suivant les principes de gestion de projet, les entreprises peuvent améliorer la collaboration, gérer les attentes et mener à bien des projets logiciels.

Enfin, le livre explore les tendances émergentes dans l'industrie, telles que l'intelligence artificielle, le cloud computing, l'IoT et la blockchain. En se tenant au courant de ces tendances, les entreprises peuvent s'adapter de manière proactive et tirer parti des technologies émergentes pour rester compétitives et stimuler l'innovation.

En conclusion, "L'art de la mise en œuvre et de la gestion réussies de logiciels d'entreprise" propose un guide complet et pratique pour les entreprises qui cherchent à réussir dans leurs initiatives logicielles. En se concentrant sur les principes clés, les stratégies et les meilleures pratiques, les entreprises peuvent naviguer en toute confiance dans le paysage complexe de la mise en œuvre et de la gestion des logiciels, ce qui conduit à une efficacité opérationnelle améliorée, à une productivité accrue et à une croissance durable.

www.ingramcontent.com/pod-product-compliance
Lightning Source LLC
LaVergne TN
LVHW061528070526
838199LV00009B/416